업그레이드 탈무드 ❶

태교동화

업그레이드 탈무드 **1**

태교동화

유재덕 지음

도서출판
소망
SO·MA·NG

흔히 유태인은 어느 민족보다 머리가 뛰어나다고 합니다. 실제로 미국 동부의 명문대학교라고 일컫는 하버드, 예일, 컬럼비아, 프린스턴 대학의 교수진 가운데 30%가 유태인입니다. 그리고 1905년부터 1973년까지 노벨상 수상자 가운데 유태인이 43명으로, 전체 수상자 가운데 10% 이상이 유태인이거나 유태계라고 합니다. 물론 이와 같은 통계가 유태인이 선천적으로 우수하다는 것을 가리키는 것은 아닙니다.

오랫동안 유태인들의 교육을 연구해온 학자들은 오히려 유태인의 훌륭한 가정교육에 주목하고 있습니다. 유태인 어린이들이 어려서부터 받은 다양한 가정교육 때문에 그렇게 뛰어난 업적을 이룰 수 있었다는 것이 학자들의 일반적인 평가입니다.

유태인들이 자랑하는 가정교육 가운데 하나가 바로 책 읽기 습관입니다. 탈무드를 보면 "돈을 빌려주는 것은 거절해도 되지만 책을 빌려달라고 할 때는 거절해서는 안 된다."거나 "돈과 책이 땅에 떨어지면 책을 먼저 주워야 한다."는 말이 나옵니다. 실제로 유태인들이 독서를 얼마나 중시하고 있는지 단적으로 보여주는 사례라고 할 수 있습니다.

그래서 유태인 부모들은 자녀들이 어릴 때부터 책을 가까이하는 습관을 길러주기 위해서 노력합니다. 책에 담겨있는 이야기들을 통해서 자신들이 누구인지 알 수 있을 뿐 아니라 세상을 살아가는 데 반드시 필요한 지혜를 함께 얻을 수 있기 때문입니다.

유태인들이 성경 다음으로 즐겨 읽는 책이 바로 탈무드 이야기입니다. 탈무드는 거의 천 년 이상 입에서 입으로 전해진 것들을 10년 동안 약 2천 명의 학자들이 모여서 엮은 1만 2천 쪽에 달하는 거대한 분량의 책입니다. 이것은 평생 읽어도 끝까지 읽기 쉽지 않은 분량이지만, 유태인들은 오늘날에도 계속해서 탈무드에 새로운 이야기들을 추가하고 있습니다.

유태인들은 아침 출근길에 탈무드를 읽고, 퇴근길에도 탈무드를 읽습니다. 일주일에 한 번씩 안식일이 돌아오면 자리를 잡고 앉은 채 몇 시간씩 탈무드에 빠져 지내곤 합니다. 그리고 그렇게 읽은 이야기들을 자녀들에게 부지런히 들려줍니다. 덕분에 유태인 자녀들은 재미있는 이야기들을 통해서 지성은 물론 감성까지 함께 발달시키게 됩니다. 유태인들의 뛰어난 우수성은 바로 이런 교육방식에 뿌리를 두고 있습니다.

탈무드는 누가 읽더라도 상당한 재미와 교훈을 얻을 수 있습니다. 상상력과 감성의 발달이 요구되는 태아에게도 역시 도움이 될 이야기들이 담겨있습니다. 이 책은 자칫하면 딱딱하게 흐를 수 있는 탈무드의 이야기를 태아와 대화하듯이 재미있게 나눌 수 있게 구성했습니다. 이를 위해서 지혜와 사랑, 겸손과 꿈, 그리고 성실함과 정직함이라는 주제들에 맞추어서 다양한 이야기들을 구분하고 요즘의 언어에 맞추어서 새롭게 집필했습니다.

탈무드 태교 동화를 통해서 태아의 지성과 감성이 발달하는 것은 물론 엄마와 아빠까지 탈무드의 소중한 지혜를 접하는 즐거움을 누릴 수 있게 되기를 기대합니다.

유재덕 박사(Ph.D)

| 차례 |

Contents

Chapter 1. 지혜로운 아가로 자라주렴

Chapter 2. 사랑스런 아가로 자라주렴

Chapter 3. 겸손한 아가로 자라주렴

| Chapter 1 |

지혜로운 아가로
자라주렴

겉모습은 중요하지 않다

아주 똑똑하기로 사람들 사이에서 널리 소문이 났지만 정말 얼굴이 못난 사내가 있었어요. 사내의 지혜가 멀리 떨어진 로마에까지 전해져서 공주님이 그 사내를 만나고 싶어 했어요.

공주님은 사람들을 먼 곳까지 보내서 굳이 그 사내를 궁전으로 초대 했어요.

사내를 보자 공주님은 너무 못생긴 얼굴 때문에 무척이나 실망했어요. 하지만 그 사내의 지혜는 궁전에 있는 그 누구도 쉽게 당해낼 수 없을 정도였어요.

공주님은 사내를 내려다보면서 속으로 생각했어요.

'어쩌면 저렇게 못생길 수 있을까? 그토록 지혜로우니 얼굴까지 잘생기면 더 이상 바랄 것이 없을 텐데.'

공주님이 사내에게 말했어요.

"그토록 총명한 지혜가 이렇게 못생긴 그릇 속에 담겨 있다니 정말 안타까운 일입니다."

그러자 못생긴 사내가 공주님에게 물었어요.

"궁중에도 술이 있나요?"

사내가 갑자기 술 이야기를 꺼내자, 공주님은 알 수 없다는 표정을 지으면서 말했어요.

"궁중에 술이야 없겠습니까."

사내가 다시 공주님에게 물었어요.

"그렇다면 궁중에서는 술을 어떤 그릇에 담아두시나요?"

"흔히 볼 수 있는 보통 항아리나 술병에 담아두는 것으로 알고 있습니다."

그 말에 사내는 실망한 표정을 지으면서 말했어요.

"공주님같이 높고 훌륭하신 분에게는 금이나 은으로 만든 그릇도 무척이나 많을 텐데 어찌 하여 그런 싸구려 그릇을 쓰고 계십니까?"

공주님이 가만히 생각해보니 사내의 말이 그럴 듯하게 들렸어요.

그래서 공주님은 아랫사람들을 시켜서 지금까지 쓰던 보통 그릇을 모두 내버리고 금과 은그릇으로 바꾸었어요. 물론 술도 금과 은그릇 속에 다 옮겨 담았어요.

그러고 나자 여기저기서 궁전에 있는 술맛이 옛날과 달리 아주 이상하게 바뀌었다는 소문이 나돌기 시작했어요.

마침내 임금님까지 술맛을 탓하게 되었지요.

외국에서 찾아온 손님들과 함께 술자리를 갖던 임금님이 아랫사람들을 불러서 따졌어요.

"누가 술맛을 이렇게 만들었느냐? 어째서 술맛이 예전과 달라졌느냐?"

공주님 때문이라는 것을 알게 된 임금님에게 불려간 공주님이 대답했어요.

"싸구려 그릇보다 귀한 그릇에 술을 담아두는 게 낫다고 생각해서 그랬습니다."

공주님은 임금님에게 엄한 꾸지람을 듣고 나서 얼굴이 못난 사내를 찾아갔어요.

서운한 표정을 지으며 공주님이 사내에게 말했어요.

"나는 정말 당신의 말을 믿었는데, 어째서 내게 잘못된 일을 하라고 시킨 것입니까? 당신 때문에 술맛이 예전과 달라졌다고 아버님에게 얼마나 꾸지람을 들었는지 모릅니다."

사내가 웃으면서 대답했어요.

"나는 다만 공주님에게 아주 값지고 귀한 것이라 해도 보잘 것 없는 그릇에 넣어두는 것이 더 좋을 때도 있다는 것을 알려드리고 싶었을 뿐입니다. 지혜도 마찬가지입니다. 아무리 겉모습이 멋지다고 해서 그 안에 지혜가 담겨 있다고는 볼 수 없는 것입니다."

공주님은 사내의 말을 듣고서 크게 깨우치게 되었어요.

지혜로운 아가야, 세상에는 로마의 공주님처럼 겉모습을 전부라고 생각하는 사람들이 있단다. 그런 생각을 하게 되면 눈으로는 볼 수 없지만 그 무엇보다 소중한 지혜를 확인할 수 없는데도 말이다. 우리 아기는 누구를 만나든지 그 사람의 지혜로운 마음을 확인하기 위해서 노력해야 한다. 그러기 위해서는 번드르한 겉모습에 속아서는 안 되는 거란다. 아무리 초라한 모습을 하고 있는 사람이라고 해도 먼저 대화를 통해 그 사람의 지혜를 헤아려보는 게 중요하단다. 그 사람에 대한 평가는 그러고 난 뒤에 내려도 결코 늦지 않는다. 엄마와 아빠는 우리 아기가 겉모습보다는 속마음을 더 헤아리는 슬기로운 사람이 되기를 바라고 있어. 그럴 수 있지?

지혜로운 행동

한 나그네가 여행을 하다가 병에 걸리고 말았어요. 나그네는
더 이상 살 수 없다는 것을 알고 여관 주인에게 부탁했어요.

"나는 더 이상 살 수 없으니 내가 죽었다는 소식을 듣고 우리 집에
서 아들이 찾아오면 내 물건들을 내주세요. 그런데 아들이 세 가지 지
혜로운 행동을 하기 전까지 절대로 주면 안 됩니다. 여행을 떠나기 전
에 아들에게 만일 내가 여행 중에 죽게 되면 세 가지 지혜로운 행동을
해야 유산을 주겠다고 미리 일러두었습니다."

얼마 뒤에 나그네는 죽었고 여관 주인은 그 사람을 햇볕이 잘 드는
곳에 묻어주었어요.

그 소식이 멀리 떨어진 나그네의 마을까지 전해졌어요. 나그네의

아들이 서둘러서 아버지가 돌아가셨다는 마을을 찾아왔어요.

그런데 아들은 아버지가 묵었던 여관을 알 수가 없었어요. 아버지가 죽으면서 여관을 아들에게 알려 주지 말라고 부탁했기 때문이었지요. 아들은 스스로 여관을 찾아낼 수밖에 없었어요.

그때 마침 나무장사가 땔나무를 가득 싣고 지나갔어요. 아들은 나무장사를 불러서 땔나무를 사고 나서 그것들을 나그네가 죽은 여관에 가져다 달라고 말하고는 나무장사를 따라갔어요.

이것이 아들의 첫 번째 지혜로운 행동이었어요.

여관 주인은 나그네의 아들을 반갑게 맞아주고 저녁을 대접했어요. 식탁에는 비둘기 다섯 마리와 닭 한 마리로 만든 요리가 올라와 있었어요.

식탁에는 여관 주인 부부와 두 아들과 두 딸, 그리고 나그네의 아들, 이렇게 모두 일곱이 자리를 같이 했어요.

여관 주인이 나그네의 아들에게 말했어요.

"당신이 손님이니 원하는 대로 나누어 주시지요."

나그네의 아들은 그럴 수 없다고 말했지만 어쩔 수 없이 음식을 나누기 시작했어요.

먼저 비둘기 한 마리를 두 아들에게 주고, 또 한 마리는 두 딸에게 그리고 또 한 마리는 주인 부부에게 주고, 나머지 두 마리는 자기 몫으로 남겨두었지요.

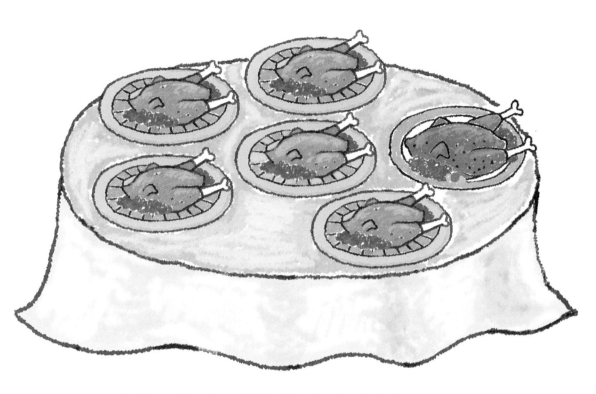

이것이 그 아들의 두 번째 지혜로운 행동이었어요.

주인은 못마땅한 표정을 지으면서도 아무 말도 하지 않았어요.

계속해서 나그네의 아들은 닭 요리를 나누기 시작했어요. 먼저 머리는 떼어서 주인 부부에게 주고, 두 다리는 두 아들에게 주고, 두 날개는 두 딸에게 준 다음 큰 몸통은 자기 몫으로 남겨두었어요.

이것이 그 아들의 세 번째 지혜로운 행동이었어요.

마침내 주인은 화가 치밀어 올라서 야단을 쳤어요.

"당신네 고장에서는 이렇게 합니까? 당신이 비둘기를 나눌 때에는 참았으나, 닭을 나누는 것을 보니 더 이상 참을 수가 없군요. 도대체 이게 무슨 짓입니까?"

그러자 나그네의 아들이 말했어요.

"나는 처음부터 음식을 나누는 일을 하고 싶지 않았습니다. 하지만 주인께서 간곡히 부탁해서 최선을 다해 나누어 드린 것뿐입니다. 그렇게 나누어 드린 이유는 이렇습니다.

주인과 부인과 비둘기 한 마리를 합하면 셋이고, 두 아드님과 비둘기 한 마리를 합하면 셋이고, 두 따님과 비둘기 한 마리를 합하면 셋이고, 나와 비둘기 두 마리를 합하면 셋이니 아주 공평하게 나눈 것입니다.

또 주인 부부께서는 이 집안의 우두머리이므로 닭의 머리를 드렸고, 두 아드님은 이 집안의 기둥이므로 다리를 주었고, 두 따님은 언제라도 날개가 돋아나면 시집을 갈 테니 날개를 준 것입니다. 그리고 저는 배를 타고 이곳에 왔고, 다시 배를 타고 돌아가야 하기 때문에 배처럼 생긴 몸통을 가진 것입니다. 이제 빨리 우리 아버님의 유산이나 내주십시오."

지혜로운 아가야, 우리가 바라는 것을 얻어내는 방법들은 한두 가지가 아니란다. 그 가운데 가장 빠르고 효과가 좋은 방법이 바로 지혜를 사용하는 것이란다. 지혜롭게 행동할 수만 있다면 제아무리 어려운 문제들을 만나더라도 걱정할 필요가 없단다. 지혜가 해결하지 못하는 문제는 없기 때문이다. 지혜는 어디를 찾아가서 구할 수 있는 것이 아니란다. 주변을 꼼꼼히 살피고 둘러보면 언제나 지혜는 우리를 찾아온단다. 그때 잘 사용하면 지혜는 우리의 것이 되는 것이란다. 엄마와 아빠는 우리 아기가 언제든지 지혜를 의지하고 잘 활용하는 사람이 되기를 기대하고 있어. 잘 할 수 있지?

진정한 재산은 무엇일까

여러 사람들이 함께 어울려서 배를 타고 바다를 건너가고 있었어요.

배 안의 승객들 모두가 큰 부자들이었는데, 공부를 많이 했지만 가난한 사내가 그 배를 함께 타고 있었지요.

부자 한 사람이 자신의 아랫배에 한껏 힘을 주면서 금으로 만들어서 햇빛에 반짝이는 금팔찌와 목걸이를 흔들어대면서 자랑을 늘어놓았어요.

"이 팔찌와 목걸이는 정말 구하기 힘든 것들인데, 이번에 운 좋게 아주 비싼 값을 치르고 사게 되었답니다. 여러분은 아마 내가 치른 값으로는 절대 이것들을 살 수 없을 겁니다."

그러자 귀한 보석들로 잔뜩 치장한 어떤 부인이 사람들 앞으로 나서면서 말했어요.

"나도 이번에 여행을 하다가 꿈에나 그리던 멋진 보석을 사게 되어 얼마나 기분이 좋은지 모르겠어요. 이 사파이어와 진주를 한번 구경해보세요. 이것들은 어디에 내놓더라도 손색이 없을 정도로 대단한 것들입니다. 자 이리 와서 만져보시라고요."

두 사람이 자랑을 시작하자 배에 함께 타고 있던 사람들이 너도나도 앞 다투어서 가지고 있는 것들을 자랑했어요.

아주 멀리 떨어진 나라에서 건너온 도자기, 그리고 너무 가는 실로 천을 짜다보니 옷으로 만들면 입었는지 제대로 느낄 수 없는 옷감에 이르기까지 무척 다양했어요.

그렇게 자랑이 끝나갈 무렵 공부는 많이 했지만 가난한 사내가 말했어요.

"나는 내가 가지고 있는 재산을 당신들에게 보여 줄 수는 없지만 부자로 치면 이 배에서 내가 제일 부자라고 생각합니다. 때문에 나는 하나도 부럽지 않습니다."

나머지 사람들은 사내의 말을 듣고서 혀를 차면서 한 목소리로 비웃었어요.

심지어 어떤 사람은 사내가 지나치게 공부를 하다 보니 제정신이 아니라는 말까지 서슴지 않고 했답니다.

그때 마침 해적들이 나타났어요. 해적의 우두머리가 배에 타고 있는 부자들을 한 자리에 모아놓고서 한껏 겁을 주면서 말했어요.

"지금부터 지니고 있는 금은보화를 모두 내어놓으면 목숨을 살려 줄 테고, 그렇지 않으면 두 번 다시 땅을 밟을 수 없게 해 줄 것이다."

부자들은 한 마디도 제대로 하지 못한 채 지니고 있는 금은보석과 모든 재산을 해적들에게 빼앗기고 말았어요.

해적들이 가버린 뒤에 배는 가까스로 어떤 항구에 다다랐어요.

이제 빈털터리가 된 부자들과 가난한 사내가 모두 배에서 내려서 각자 살 길을 찾기 시작했답니다.

공부는 많이 했지만 가난한 사내는 그 항구에서 사람들로부터 인정을 받게 되었고, 그 덕분에 학생들을 여럿 가르칠 수 있어서 생활하는 데는 전혀 지장이 없었어요.

얼마 뒤에 그 사내는 함께 배를 타고 여행하던 부자들을 길거리에서 만났어요. 그들 모두 거지 신세가 되어서 먹을 것을 구하러 동네를 떠돌아다니고 있었지요.

그 사람들이 사내에게 말했어요.

"당신의 말이 정말 옳았습니다. 지식을 가지고 있는 사람은 모든 것을 다 가지고 있는 것과 다를 바가 없습니다. 우리들의 어리석음을 꾸짖어 주십시오."

지혜로운 아가야, 아무리 아름답고 좋은 물건이라고 해도 언제든지 쉽게 잃어버릴 수 있는 것이란다. 남이 빼앗아 갈 수 있고 닳아서 없어질 수도 있단다. 우리는 가난하지만 공부를 많이 한 사람처럼 누구도 결코 빼앗아 갈 수 없는 소중한 것을 갖기 위해서 노력해야 한단다. 머리에 간직하는 지식은 그 누구라도 마음대로 가져 갈 수 없는 소중한 것이란다. 엄마와 아빠는 우리 아기가 세상의 그 무엇보다 지식을 사랑하고, 부지런히 공부해서 사람들로부터 존경을 받는 사람이 되기를 바라고 있단다. 엄마와 아빠가 기대하는 사람이 될 수 있겠지?

임금님이 필요해요

아 름다운 호수에서 개구리들이 모여 살고 있었어요.
먹을 게 넘쳐나는 호수에서 개구리들은 아무런 걱정 없이
아주 즐겁게 살았어요.

개구리들에게 없는 게 있다면 임금님이었어요. 다른 동물들은 모
두 임금님을 모시고 있는데, 정작 개구리들에게만 임금님이 없었어
요.

개구리들은 대표를 뽑아서 하나님에게 보냈어요.

"하나님, 저희에게도 임금님이 필요합니다. 임금님을 꼭 저희에게
도 보내주세요."

하나님은 임금님이 필요 없다는 것을 알고 잘 알고 계셨어요. 임

금님은 언제까지나 개구리들을 괴롭히면서 힘들게 할 것이라고 생각
하셨지요.

　　그것을 자세히 일러주었지만 개구리들은 시끌시끌하며 뒤로 물러
서려고 하지 않았어요.

　　"그래도 하나님, 임금님이 필요합니다. 임금님을 보내주세요."

　　밤에도 낮에도 개구리들은 호수가 떠내려갈 정도로 떠들어대면서
하나님에게 임금님을 보내달라고 했어요.

　　하나님은 어쩔 수 없이 개구리들의 부탁을 들어주었어요.

　　하늘에서 갑자기 나무토막 한 개가 떨어졌어요.

아가의 지혜와 감성을 키우는
업그레이드 탈무드 태교 동화 01

개구리들은 깜짝 놀라서 이리저리 허겁지겁 물속으로 뛰어들었어요.

그러고 나서 잠시 뒤에 하늘로부터 소리가 들려왔어요.

"그게 너희들의 임금이다."

개구리들 가운데 용감한 녀석이 제일 먼저 물속에서 머리를 내밀고 임금님을 구경했어요.

하지만 나무토막은 움직이지도 않았어요.

그것을 본 개구리들이 너도나도 나무토막 주위로 모여들었어요. 어떤 녀석은 나무토막 위로 올라가서 뛰기까지 했어요.

그래도 나무토막은 움직이지 않았어요.

"이것은 임금님이 아니라 나무토막이다."

영리한 늙은 개구리가 말했어요.

"하나님이 보내주신 것은 임금님이 아니다."

개구리들은 또 다시 하나님에게 임금님을 보내달라고 떼를 쓰기 시작했어요.

그러자 하나님은 이번에는 황새 한 마리를 보내주었어요.

황새가 하늘을 가로질러서 엄숙하면서도 늠름하게 날아오는 모습을 본 개구리들은 호들갑을 떨면서 환영했어요.

"저기를 보란 말이야. 저 늠름한 모습을 말이야. 다리가 길고, 목이 날씬하게 생겼잖아. 과연 임금님의 모습이라니까."

개구리들은 황새를 보고서 무척이나 기뻐했어요. 개구리들은 모두 한 자리에 모여서 황새가 내려앉기를 기다리고 있었어요.

드디어 기다리던 황새가 비행을 마치고 개구리들이 기다리는 곳으로 내려앉았어요.

그런데 황새는 개구리들의 환영에는 관심이 없었어요. 황새는 긴 주둥이로 개구리 한 마리를 콕 찍어서 냉큼 삼켰어요. 그리고는 한 마리 한 마리 계속해서 집어 삼켰어요.

꿈에도 생각하지 못한 일이 벌어지자 개구리들은 몸을 피하느라 정신을 차리지 못했어요. 하지만 긴 다리를 가진 황새가 개구리들을 따라가지 못할 리 없었어요.

황새는 큰 다리로 껑충껑충 걸어 다니면서 부지런히 개구리를 잡아먹었어요.

개구리들은 후회했지만 그러기에는 이미 때가 늦고 말았어요.

지혜로운 아가야, 개구리들은 행복하게 살면서도 어째서 임금님을 달라고 하나님께 떼를 썼을까? 그래, 이유는 단 한 가지란다. 다른 동물들에게는 임금님이 있고 자신들에게는 없다고 생각했기 때문이지. 지혜로운 사람은 다른 사람이 가지고 있는 것을 부러워하지 않는 법이란다. 자기가 가지고 있는 것에 만족하면서 기쁘게 살아가는 게 지혜로운 사람의 진정한 모습이란다. 엄마와 아빠는 우리 아기가 다른 사람이 지닌 것을 부러워하지 않고 늘 감사하는 마음으로 기쁘게 살아가기를 바라고 있단다. 그럴 수 있지?

거미와 모기와 미치광이

다윗 임금은 집안 구석이나 숲을 지날 때 만나게 되는 거미를 보고서 얼굴을 찡그렸어요. 아무 곳이나 닥치는 대로 거미줄을 치는 거미를 다윗 임금은 더럽고 쓸모가 없는 벌레라고 생각했지요.

실제로 거미줄은 너무 약해서 어디에도 쓸 수 없었지만, 지나가는 사람에게 거미줄이 닿으면 잘 떨어지지 않아서 귀찮았지요.

그러던 어느 날 임금은 적군과 싸움을 벌이다가 도망치는 신세가 되고 말았어요.

적군이 어찌나 싸움을 잘 하는지 다윗 임금은 제대로 싸워보지도 못한 채 서둘러서 피하지 않을 수 없었답니다.

다윗 임금은 적군에게 포위되어서 빠져나갈 길까지 잃어버리고
말았어요.

임금을 안내하던 부하 병사가 동굴 하나를 찾아냈어요.

다윗 임금은 그곳으로 들어가면서도 적군에게 발각될까봐 걱정이
많았어요.

그런데 마침 동굴 입구에서 거미 한 마리가 거미줄을 치기 시작하
고 있었어요.

부하가 말했어요.

"임금님, 저렇게 거미가 동굴 입구에 거미줄을 치고 있으니 아무리 적이 쫓아오더라도 우리가 이 안에 있다고는 생각하지 않을 것입니다."

곧이어 다윗 임금을 추격해 온 적군들은 동굴 앞까지 다가왔지만 입구에 거미줄이 쳐진 것을 보았어요.

"사람이 동굴 안으로 들어갔다면 거미줄이 저렇게 온전할 리 없다. 저 안에는 들어가나마나 아무도 없을 테니 그만 돌아가자."

그렇게 해서 적군들은 돌아가고 다윗과 부하들은 안전할 수 있었어요.

또 언젠가 다윗 임금은 적군의 장군이 잠자고 있는 방에 숨어 들어가서 칼을 훔쳐내려고 했어요.

그리고는 다음날 멀찍이 떨어져서 이렇게 호통을 치고 싶었지요.

"내가 당신이 자고 있을 때 칼을 가져왔을 정도이니 마음만 먹으면 당신의 목을 가져오는 것도 어려운 일은 아니었습니다."

그렇게 되면 적의 장군이 마음을 고쳐먹고 집으로 돌아갈 것 같았어요.

하지만 그럴 수 있는 기회가 없었어요.

어느 날 밤이었어요.

다윗 임금은 칼을 가지러 적의 장군이 자고 있는 방에 가까스로 숨어 들어갔어요.

적의 장군은 이미 깊은 잠에 빠져서 다윗 임금이 옆에 있는지도 알지 못했어요. 다윗은 조심조심 발걸음을 옮기면서 장군의 칼이 어디에 있는지 살피기 시작했어요.

칼은 장군의 다리 밑에 있어서 쉽게 꺼낼 수 없었어요.

한참을 기다리면서 기회를 엿보았지만 장군을 깨우기 전에는 칼을 가져갈 수 없었어요.

어쩔 수 없이 다윗 임금은 포기하고 돌아가려 했어요.

바로 그때 모기 한 마리가 날아와서 적의 장군 다리 위에 가만히 내려 앉았어요.

조금 더 기다리자 장군은 모기 때문에 자기도 모르게 다리를 움직였어요. 다윗 임금은 그 틈을 이용해서 재빨리 장군의 칼을 빼낼 수 있었어요.

그리고는 그 다음 날 멀리 떨어진 곳에 서서 소리쳤어요.

"여기를 보시오. 이게 바로 당신의 칼이요. 내가 만일 마음만 먹었다면 당신을 죽이는 것은 식은 죽을 먹는 것과 다르지 않았소. 당신과 싸움을 하고 싶지 않으니 어서 돌아가시오."

칼을 빼앗긴 적의 장군은 마음을 고쳐먹고서 집으로 달아났어요.

그리고 한번은 다윗 임금이 적군에게 포위되어 위험해지자 느닷없이 미치광이 흉내를 내었어요. 다윗 임금을 뒤쫓던 적군 병사들은 다윗 임금을 발견했지만, 미치광이가 임금님이라고는 생각할 수 없었어요.

적군 병사들은 그래서 그냥 지나쳐갔고, 다윗 임금은 그렇게 해서 목숨을 건질 수 있었답니다.

지혜로운 아가야, 이 세상에 있는 것은 그 무엇이든지 쓸모없는 게 하나도 없단다. 길가에 있는 풀 한 포기, 돌멩이 하나, 그리고 하늘을 날아다니는 새나 이리저리 부지런히 돌아다니는 작은 개미 한 마리까지 모두 다 소중한 것이란다. 그러니 아무리 보잘것없어 보이는 것이라고 하더라도 얕잡아보거나 소홀히 여겨서는 안 된단다. 눈으로 보는 모든 것들, 귀에 들리는 모든 것들, 그리고 손으로 만져지는 모든 것들을 소중하게 생각해야 정말 지혜로운 사람이 될 수 있단다. 엄마와 아빠는 무엇이든지 사랑스런 눈으로 바라보고 소중히 생각하는 우리 아기가 되기를 바라고 있단다. 그럴 수 있지?

굴뚝 청소

어떤 사내가 먼 곳에서 탈무드를 배우고 싶어서 랍비[1]를 찾아 왔어요.

탈무드는 모든 지혜를 한꺼번에 모아놓은 것으로 유태인들이 무척이나 소중하게 생각하는 책이었어요.

랍비는 그 사내의 부탁을 번번이 거절했어요.

"탈무드는 누구나 배울 수 있는 게 아닙니다. 마음에 이미 지혜가 자리 잡고 있어야 합니다. 그 지혜 위에 짓는 집이 바로 탈무드입니다."

하지만 그 사내는 포기하려고 하지 않았어요. 몇 번이고 계속해서

---

1) 랍비는 유태인들을 가르치는 선생님입니다.

랍비의 집을 찾아가서 대문을 두드렸어요.

물러설 줄 모르고 거듭되는 요청을 이기지 못하고 랍비가 사내에
게 말했어요.

"당신에게 탈무드를 가르치기에 앞서 간단한 시험을 해보고 싶습
니다. 괜찮을까요?"

그러자 사내는 자신 있다는 듯이 고개를 끄덕이면서 앞으로 당겨
앉았어요.

"이웃에 살고 있는 두 사내아이들이 여름방학에 각자 자기 집의
굴뚝을 청소했습니다. 한 아이는 그을음이 얼굴에 붙어서 새까맣게
되었고, 또 다른 아이는 그을음이 전혀 묻지 않은 채 굴뚝에서 내려
왔어요. 당신이 보기에 어느 쪽 아이가 얼굴을 씻을 거라고 생각하나

요?"

사내는 조금도 생각하지 않은 채 얼른 대답했어요.

"물론 얼굴이 더러운 사내아이가 얼굴을 씻을 겁니다."

그러자 랍비가 말했어요.

"당신은 아직 탈무드를 배울 수 있는 자격이 없습니다. 돌아가세요."

그러자 사내가 황급히 물었어요.

"답이 무엇입니까?"

"당신이 탈무드를 공부할 수 있는 자격을 갖춘 사람이라면 아마 얼굴이 깨끗한 아이라고 대답했을 겁니다."

그 이유를 묻는 사내에게 랍비가 설명하기 시작했어요.

"굴뚝 청소를 모두 끝낸 두 아이 가운데 하나는 깨끗한 얼굴로, 또 다른 하나는 더러운 얼굴로 내려왔어요. 얼굴이 더러운 아이는 깨끗한 얼굴을 하고 있는 아이를 보고서 자신의 얼굴이 깨끗하다고 생각했을 겁니다. 반면에 얼굴이 깨끗한 아이는 상대방의 더러운 얼굴을 보고서 자신도 더럽다고 생각했겠지요."

그러자 사내는 랍비에게 한 번 더 시험을 볼 수 있도록 해달라고 부탁했어요.

랍비는 다시 질문을 했어요.

"같은 집에 살고 있는 두 아이가 굴뚝청소를 하고 한 아이만 더러운 얼굴로 내려왔습니다. 그렇다면 둘 가운데 어느 쪽 아이가 얼굴을 씻으려고 하겠습니까?"

사내는 이미 답을 알고 있어서 자신 있게 대답했어요.

"그야 물론 깨끗한 얼굴을 하고 있는 아이가 얼굴을 씻을 테지요."

그러자 랍비는 여전히 굳은 표정을 하고서 말했어요.

"당신은 역시 탈무드를 공부할 수 있는 자격이 없습니다."

사내는 크게 실망해서 물었어요.

"그렇다면 도대체 탈무드에서는 뭐라고 말하고 있습니까?"

랍비가 말했어요.

"두 아이가 굴뚝을 청소했다면 똑 같은 굴뚝을 청소한 것이기 때문에 한 아이의 얼굴이 깨끗하고 다른 아이는 더러운 얼굴을 한 채 굴뚝에서 내려오는 일은 결코 있을 수 없다는 게 탈무드의 가르침입니다."

지혜로운 아가야, 이것은 지혜를 어디서나 쉽게 구할 수 없다는 것을 일러주는 이야기란다. 사람들은 가게에서 물건을 사듯이 지혜를 어디서든지 쉽게 구할 수 있다고 생각할 때가 많단다. 탈무드를 공부하고 싶어서 찾아온 사람도 마찬가지란다. 그 사람은 지혜를 얻기 위해서 탈무드를 배우려고 했지만, 랍비가 묻는 질문에는 알지도 못하면서 아는 체 대답을 했단다. 모르는 것은 모른다고 대답할 수 있어야 지혜를 얻을 수 있는 기회가 주어지는데도 말이다. 엄마와 아빠는 우리 아기가 지혜를 사랑하고, 지혜를 얻기 위해서 노력하는 사람이 되기를 바라고 있단다. 그럴 수 있겠지?

빵과 동전

옛날에 빵을 굽는 사람이 있었어요. 빵 굽는 사람은 인색하기로 동네에 소문이 자자했지요. 누가 빵을 사려고 뒤적이다가 내려놓기만 해도 득달 같이 달려와서 그것을 팔아치워야 직성이 풀렸어요. 그리고 빵의 가격을 따지다가는 빵 굽는 사람에게 톡톡히 망신을 당하기 일쑤였어요.

사람들은 빵 굽는 사람에게 따지고도 싶었지만, 동네에서 한 곳밖에 없는 빵 가게가 문을 닫는 날에는 어디서도 빵을 살 수 없으니 그냥 참고 지내야 했어요.

그런데 아침마다 가게 앞에 서서 빵 굽는 냄새만 맡고 돌아가는 사람이 있었어요. 너무 가난한 나머지 빵을 사지 못하고 그냥 냄새로만 만족해야 했던 사람이었어요.

빵 굽는 사람은 그 모습을 보고서 화가 치밀었어요. 그는 빵 냄새를 맡는 사람도 그에 해당하는 값을 반드시 치러야 한다고 생각했어요.

그래서 빵 굽는 사람은 냄새만 맡다가 돌아가는 사람을 붙잡아 세워놓고서 말했어요.

"내가 도대체 언제 당신에게 가게 앞에서 빵 냄새를 맡아도 좋다고 허락한 적이 있습니까? 아니면 다른 사람에게 그런 말을 들어본 적이 있습니까?"

가난한 사람은 얼굴이 빨개진 채 대답했어요.

"아무도 그렇게 말한 사람은 없습니다. 하지만 배는 고프고 빵을 살 돈이 없다 보니 그냥 냄새만 맡았을 뿐입니다."

빵 굽는 사람이 입술을 앞으로 내밀면서 말했어요.

"빵이나 냄새나 모두 내가 만든 것이니 값을 치러야 합니다. 어서 돈을 내세요."

가난한 사람은 빵을 먹지 않았으니 돈을 낼 수 없다고 맞섰어요.

그러자 빵 굽는 사람은 가난한 사람을 끌고서 재판관을 찾아갔어요. 빵 굽는 사람이 흥분해서 말했어요.

"만일 이런 사람을 그냥 내버려둔다고 하면 세상 모든 사람들이 냄새만 맡겠다고 몰려오지 않겠습니까? 재판관님께서 현명하게 판단

해주십시오."

재판관은 빵 굽는
사람이 하는 말
을 처음부터 끝
까지 참을성 있
게 들어주었어
요.

그러고 나서 초라한 차림을 하고 있는
가난한 사내에게 물었어요.

"지금 가지고 있는 돈이 얼마나 됩니까?"

가난한 사람에게 많은 돈이 있을 리 없었어요. 동전 두 개가 전부
였지요.

재판관이 말했어요.

"그 동전을 내게 건네주세요."

가난한 사람이 재판관에게 동전을 건네자 빵 굽는 사람이 환하게
웃음을 지었어요. 그 동전 두 개가 자신의 것이 될 것이라고 생각했기
때문이었어요.

재판관은 동전 두 개를 받아들더니 서로 부딪혀서 짤랑짤랑 소리
를 냈어요. 그런 뒤에 다시 가난한 사람에게 고스란히 돌려주었어요.

빵 굽는 사람은 재판관의 그런 행동을 이해할 수 없었어요.

재판관이 어이없는 표정을 짓고 있는 빵 굽는 사람에게 말했어요.

"자고로 벌이라는 것은 지은 죄에 어울리는 것이어야 하는 법입니다. 빵 냄새를 맡고서도 값을 치르지 않았다고 해서 당신이 저 사람을 내게 데려왔습니다. 저 사람은 빵을 먹지 않았고, 그러니 당신이 손해를 본 것은 없습니다. 다만 빵 냄새를 맡은 것에 대해서는 당신이 저 사람이 가지고 있는 돈이 내는 소리를 들은 것으로 충분합니다. 내 판단이 공평하지 않습니까?"

빵 굽는 사람은 지혜로운 재판관에게 한 마디도 할 수 없었답니다.

슬기로운 아가야, 제아무리 욕심을 부리더라도 세상에서는 가질 수 있는 것과 그럴 수 없는 것이 있단다. 빵 굽는 사람은 쓸데없이 가질 수 없는 것에 욕심을 부리다가 망신을 당하고 말았단다. 우리 모두는 크게 욕심을 부리지 않으면 언제든지 행복할 수 있단다. 행복은 물질의 많고 적음과 관계가 없기 때문이지. 엄마와 아빠는 우리 아기가 큰 욕심 부리지 않으면서도 늘 행복을 누릴 수 있는 사람이 되기를 기도하고 있단다.

협력의 힘

임금님은 '오차'라는 이름의 아주 맛있는 과일이 열리는 나무 한 그루를 가지고 있었어요.

어디서도 쉽게 구할 수 없는 나무라서 임금님은 아랫사람들을 시켜서 귀한 과일나무를 항상 지키게 했어요.

기운이 아주 센 한 사내가 나무를 지켰어요. 덩치가 커다란 사내가 과일나무를 지키고 있으니 모두가 무서워서 나무 근처에는 사람들은 얼씬도 하지 않았어요.

하루는 기운 센 사내가 나무를 지키다가 과일이 하도 맛있게 보이는 바람에 나무를 붙잡고 흔들었어요. 과일들과 함께 나뭇잎이 적지 않게 떨어졌어요.

아가의 지혜와 감성을 키우는
업그레이드 탈무드 태교 동화 01

임금님이 나무를 구경하러 왔다가 고개를 갸웃거렸어요.

"나무의 이파리들이 많이 떨어진 것 같으니 어찌 된 일이냐?"

그 말에 기운 센 사내가 무릎을 꿇고서 대답했어요.

"너무 맛있어 보여서 그만 저도 모르게 과일을 따먹었습니다. 용서해주세요."

임금님은 나무까지 상하게 만든 사내를 쫓아내고 나무를 사랑해서 잘 지켜줄 수 있는 또 다른 사람을 찾았어요.

이번에는 다른 사람들보다 키 작은 사내를 불러서 나무를 지키게 했어요. 키가 작으니 높은 나무에서 과일을 딸 생각을 하지 못할 거라고 임금님은 생각했어요.

키 작은 사내는 한동안 나무를 잘 지켰어요.

사람들도 기운 센 사내가 쫓겨난 뒤로 과일나무를 보려고 가끔 찾아오기는 했지만 작은 키의 사내가 지키고 있어서 어쩌지 못하고 돌아갔어요.

그러다 보니 키 작은 사내는 심심해졌어요. 아무도 찾아오지 않는 곳에 남아서 홀로 나무를 지키는 것은 정말 쉽지 않은 일이었어요.

키 작은 사내가 나무 밑으로 다가가서 위를 올려다보니 맛있는 과일들이 주렁주렁 달려 있었어요. 사내는 먹고 싶은 마음을 참지 못하고서 주변을 살펴보았어요.

긴 막대기를 발견한 사내는 그것을 가지고 나무의 가지를 쳐서 과일을 따서 맛있게 먹었답니다.

며칠 뒤에 임금님이 과일나무가 궁금해서 찾아왔어요. 그러다가 고개를 갸웃거렸어요.

"나무의 가지가 부러진 것 같으니 어찌 된 일이냐?"

키 작은 사내는 임금님이 묻는 말에 고개를 들지도 못한 채 대답했어요.

"나무에 열린 과일들이 정말 맛있어 보여서 과일을 따려다가 나뭇가지마저 부러뜨리고 말았습니다."

임금님은 키 작은 사내를 내쫓고 혀를 찼어요.

"어떻게 이 나무 한 그루도 제대로 지킬 수 있는 사람이 없는 것이냐?"

임금님은 이번에는 생각을 바꾸어서 두 사람을 시켜서 그 과일나무를 지키게 했어요.

한 사람은 장님이었고, 또 다른 한 사람은 한 손과 다리를 못 쓰는 절름발이었어요.

임금님은 앞을 못 보는 사람은 과일을 볼 수 없고, 손을 사용하지 못하는 절름발이는 높은 곳에 있는 과일을 딸 수 없을 거라고 생각했어요.

그런데 이 두 사람 역시 과일이 정말 먹고 싶었어요.

절름발이가 꾀를 냈어요.

"자네는 앞을 못 보고 나는 높은 곳까지 손을 뻗을 수 없지 않은가. 하지만 우리 둘의 힘을 합치면 누구도 쉽게 맛볼 수 없는 과일을 딸 수 있을 테니 힘을 모아보세."

그러자 앞을 못 보는 사람이 절름발이를 어깨 위에 올려 앉히고, 절름발이는 방향을 가리켰어요. 절름발이는 나무가 상하지 않게 조심스레 과일을 따서 사이좋게 나누어 먹었어요.

나중에 과일이 줄어든 것을 알게 된 임금님이 몹시 화가 나서 두 사람을 불러 따졌어요.

앞을 못 보는 사람이 대답했어요.

"어찌 볼 수 없는 과일을 따서 먹을 수 있겠습니까?"

절름발이가 대답했어요.

"저렇게 높이 달린 과일을 어떻게 따서 먹을 수 있겠습니까?"

임금님은 두 사람이 거짓말을 하고 있다는 것을 잘 알고 있었어요.

하지만 임금님은 서로 힘을 모아서 누구도 생각하지 않은 방법으로 과일을 따먹은 두 사람을 바라보면서 그냥 웃기만 했답니다.

그러자 신하가 물었어요.

"귀한 과일을 따먹은 저 둘을 그냥 내버려두실 생각이십니까?"

임금님이 웃으면서 대답했어요.

"귀한 과일을 보고도 먹고 싶은 생각이 들지 않았다면 거짓말을 하는 것이거나 사람이 아닐 것이다. 저 둘은 다른 나무지기들과 달리

서로 힘을 모아서 나무에는 상처를 주지 않고 과일 하나만 따서 나눠
먹었다. 나무는 전혀 상하지 않았고, 과일은 내년에도 많이 열릴 터이
니 굳이 혼을 낼 필요가 있겠느냐?"

지혜로운 아가야, 무슨 일을 하든지 둘의 힘은 혼자의 힘보다 훨씬 강하단다. 그러니 언제 어디서 무슨 일을 하더라도 서로 돕고 힘을 모으는 게 중요하단다. 이것은 혼자 일 때도 마찬가지란다. 사람이 힘만 가지고서는 아무 것도 할 수 없고, 머리만 쓴다고 해서 이루어지는 일은 하나도 없단다. 힘과 머리가 합쳐질 때 비로소 무슨 일이든지 해낼 수 있단다. 엄마와 아빠는 우리 아기가 다른 사람들과 협력하고, 머리와 힘을 더불어서 사용할 줄 아는 정말 지혜로운 어린이가 되기를 기대하고 있단다.

가치 있는 이야기

어떤 배가 바다를 지나가다가 심한 비바람과 높은 파도를 만나서 뱃길을 잃고 말았어요.

밤이 새도록 배는 파도에 휩쓸려서 이리저리 헤매야 했어요.

아침이 되었어요.

바다는 언제 그랬냐 싶게 아주 고요해졌고 배는 아름다운 항구가 있는 섬에 도착해 있었어요. 배를 타고 있던 사람들은 항구에 닻을 내리고 잠시 쉬어 가기로 했지요.

그 섬에는 온갖 아름다운 꽃들이 여기저기에 피어있었고, 맛있는 과일들이 주렁주렁 달린 나무들이 줄지어 늘어서 있었어요. 그리고 아름다운 새들이 즐겁게 지저귀고 있었어요.

배를 탔던 사람들은 다섯 개의 무리들로 나뉘어졌어요.

첫째 사람들은 자기들이 섬에 있는 동안에 순풍이 불어서 배가 떠나버릴지 모른다고 생각했기 때문에 아무리 섬이 아름다워도 아예 내리지도 않고 배에 남아 있었어요.

그 사람들은 배에서 내리는 사람들을 보고 말했어요.

"여보시오, 만일 어제처럼 또다시 바람이 불고 파도가 칠까봐 배가 일찍 떠나면 어찌하려고 섬에 들어가는 겁니까? 그냥 배에 타고 있는 게 좋을 겁니다."

둘째 사람들은 그들과 달리 서둘러서 섬으로 올라갔어요.

섬에 올라가서 향긋한 꽃향기를 맡고 나무 그늘 아래서 맛있는 과일을 따서 서로 즐겁게 나누어 먹었어요.

과일과 재미있는 대화를 나누면서 힘을 되찾은 사람들이 자리에서 일어났어요.

아가의 지혜와 감성을 키우는
업그레이드 탈무드 태교 동화 01

"자, 맛있는 과일을 먹고 휴식을 취하니 어제 힘들었던 것도 모두
사라진 것 같습니다. 이제 돌아가서 배가 떠날 때를 기다리도록 합시

다."

사람들은 그 말대로 배로 돌아왔어요.

셋째 사람들도 섬으로 올라갔어요. 섬을 이곳저곳 돌아다니면서 시간 가는 줄 모르고 너무 오래 머물다 보니 바람이 바뀌기 시작했어요.

바람이 불어오면 배가 떠난다는 것을 알고 있던 사람들은 배가 떠나는 줄 알고 무척 당황했어요. 허둥지둥 섬에서 내려오다 보니 가지고 있던 물건들까지 모두 잃어버리고 말았어요.

그뿐 아니라 배에 올라와 보니 자기들이 앉아 있던 배 안의 좋은 자리까지 모두 남들 차지가 되고 말았어요.

넷째 사람들은 과일을 먹고 구경을 하면서 섬을 돌아다니다가 선원들이 닻을 올리는 것을 보았어요.

누군가 말했어요.

"닻을 올려도 배가 출발하려면 시간이 더 걸릴 겁니다. 배가 떠나기 전에 조금 더 놀다 가도 시간은 충분할 것 같습니다."

옆에 있던 또 한 사람이 말을 받았어요.

"맞아요. 우리가 이렇게 여기에 남아 있는데 선장이 설마 우리를 두고 떠나겠습니까?"

그런데 얼마 뒤에 정말 배가 항구를 떠나자 사람들은 허겁지겁 헤엄을 쳐서 겨우 배에 올라갈 수 있었어요. 그러다 보니 바위나 뱃전에 부딪쳐 입은 상처는 항해가 끝날 때까지도 아물지 않았지요.

　　다섯째 사람들은 너무 많이 먹고 섬의 아름다운 경치에 취해서 배의 출항을 알리는 소리조차 알아듣지 못했어요.

　　배가 이미 항구를 떠나고 있었지만 사람들은 신경을 쓰지 않았어요.

　　파도에 시달리다가 아름다운 섬을 보니 온통 거기에 정신이 팔려서 자신들이 어디로 가고 있는지 완전히 잊어버리고 말았지요.

　　하지만 나중에 보니 배는 이미 항구를 떠나버렸고, 다섯째 사람들만 섬에 남겨지고 말았어요. 그들은 숲 속의 무서운 짐승들의 밥이 되거나 독이 있는 열매를 먹고 병이 들어서 모두 죽고 말았답니다.

지혜로운 아가야, 너라면 어떤 사람들과 어울리겠니? 첫째 사람들은 너무 조바심이 많고, 셋째와 넷째 사람들은 전혀 계획을 세울 생각을 하지 않았단다. 그리고 다섯째 사람들은 자신들이 무엇 때문에 배를 타고 여행하는지 목적까지 모두 잊고 말았단다. 엄마와 아빠는 우리 아기가 둘째 사람들 가운데 있었으면 좋겠다. 언제라도 즐거움을 누릴 수 있지만, 그러면서도 자기가 가야 할 곳을 잊지 않고 떠나는 지혜로운 사람 말이다. 엄마와 아빠는 우리 아기가 마음껏 뛰어놀면서도 해야 할 일은 반드시 하는 슬기로운 사람이 되기를 간절히 바라고 있단다. 그럴 수 있겠지?

지혜를 얻는 방법

보석을 감정하는 사람이 되고 싶은 젊은이가 있었어요. 그래서 젊은이는 이름이 아주 높은 감정사를 찾아갔어요. 그는 보석 감정사가 되고 싶어 하는 젊은이와 몇 마디 대화를 나누고 난 뒤에 거절했어요.

젊은이가 물었어요.

"어째서 저를 거절하시는 겁니까?"

보석 감정사는 안타까운 표정을 지으면서 말했어요.

"자네는 인내심과 끈기가 없는 것 같네. 그런 사람은 절대 훌륭한 보석 감정사가 될 수 없어. 일찍 포기하는 게 좋을 거야."

그래도 젊은이가 돌아가려고 하지 않자 어쩔 수 없이 한 번 더 기

회를 주기로 했어요.

"자네가 꼭 보석을 감정하는 사람이 되고 싶다면 내일 다시 찾아
오게."

젊은이는 다음 날 아침 일찍 보석 감정사를 찾아갔어요. 감정사는
젊은이에게 작은 의자 하나를 내주면서 보석 하나를 건네주었어요.

"지금부터 절대로 아무 말도 하지 말고 가만히 앉아 있게."

그리고 나서 감정사는 젊은이가 도착하기 전과 마찬가지로 자신
의 일에 몰두했어요.

보석을 고르고 다듬느라 정신이 없는 감정사는 얼마 지나지 않아
서 젊은이가 옆에 있는지도 까먹을 정도였어요.

젊은이는 그렇게 앉아서 하루를 보내야 했어요.

다음 날 일찍 작업장을 찾아간 젊은이에게 감정사는 어제의 보석을 또 다시 건넸어요. 젊은이는 우두커니 앉아 있을 수밖에 없었어요. 감정사는 전날처럼 자신의 일에만 몰두하고 있었어요.

젊은이가 일에 열중하고 있는 감정사에게 조심스럽게 물었어요.

"오늘도 아무 말도 하지 말고 가만히 앉아 있으면 될까요?"

감정사는 아무 말 없이 고개만 끄덕였어요.

그렇게 해서 하루가 또 흘러갔어요.

이틀을 아무 일도 하지 않고 허비한 젊은이는 다음 날은 그러지 않을 것이라고 기대하면서 작업장에 들어갔지만 전혀 달라지지 않았어요.

그렇게 사흘이 지나고, 닷새가 지나고, 일주일이 지나갔어요.

젊은이는 더 이상 참지 못하고 감정사에게 물었어요.

"선생님, 저는 언제부터 보석을 다루는 방법을 배울 수 있는 겁니까?"

"곧 배우게 될 테지."

감정사는 고개를 들어서 젊은이를 바라보며 무뚝뚝하게 대답하고 나서 아무렇지도 않은 듯이 자신의 일에 열중하기 시작했어요.

젊은이의 실망은 이만저만이 아니었어요. 자신에게 무관심한 감정사를 이해하기가 정말 어려웠어요.

벌써 열흘째가 되었어요. 하지만 감정사는 젊은이에게 여전히 보석을 쥐어주면서 의자에 앉으라고 했어요.

화가 머리끝까지 치밀어 오른 젊은이가 더 이상 참지 못하고 소리를 질렀어요.

"도대체 언제까지 저를 골탕 먹일 생각입니까? 하루 이틀도 아니고 벌써 열흘이 되었습니다. 이제는 더 이상 참을 수 없습니다."

그리고 젊은이는 의자에서 벌떡 일어나서 손에 들고 있던 보석을 바닥에 집어던지려고 했어요. 그러다가 보석을 잠깐 보게 되었는데, 그때 자신도 모르게 이렇게 말하고 말았어요.

"이것은 어제의 보석과는 다르잖아요!"

감정사는 여전히 무뚝뚝한 목소리로 말했어요.

"이제야 조금씩 깨우치기 시작했구나."

젊은이는 그제야 비로소 감정사가 보석 하나를 맡겨두고 며칠씩 자리에 앉아 있게 한 까닭을 알게 되었어요.

지혜로운 아가야, 지식이라는 것은 그냥 남들에게서 전해 받을 수 있는 게 아니란다. 지혜는 주고 싶다고 해서 물건처럼 쉽게 줄 수 없고, 갖고 싶다고 해서 마음껏 가질 수도 없단다. 지혜는 끝까지 참고 견디면서 열심히 노력할 때 얻을 수 있단다. 보석을 감정하는 방법을 배우려온 젊은이는 처음에는 그것을 알지 못했단다. 그래서 화도 내고 속도 상했던 것이지. 엄마와 아빠는 우리 아기가 다른 그 무엇보다 지혜를 얻으려고 노력하는 사람, 그리고 언제든지 지혜를 나누어 줄 수 있는 사람이 되기를 기대하고 있단다. 그럴 수 있지?

• 유태인의 육아 교육법1

유태인의 속담에 '물고기를 한 마리 주면 하루밖에 못살지만 물고기를 잡는 법을 가르쳐주면 한평생을 살아갈 수 있다.'는 말이 있습니다. 여기서 말하는 물고기를 잡는 법은 지식이라는 말과 동일한 말입니다. 유태인 부모들은 자녀들에게 재산을 물려주는 것보다 지식을 물려주기 위해서 상당한 노력을 기울입니다. 그 가운데 하나가 어려서부터 부지런히 배움에 힘쓰게 하는 것입니다.

배움을 통해서 지식을 갖게 되고 머리를 쓸 수 있는 사람이 될 수 있기 때문입니다. 이를 위해서 유태인 부모들은 자녀들에게 학교를 두 개씩 다니게 하고 악기를 반드시 한 가지씩 익히게 하거나, 혹은 언어를 두 가지씩 자유롭게 구사할 수 있을 정도로 교육을 시킵니다. 이렇게 본다면 유태인들의 좋은 머리는 타고나는 게 아니라 후천적이라는 것을 알 수 있습니다.

Chapter 2

사랑스런 아가로
자라주렴

마법의 사과

먼 나라의 임금님에게는 아주 예쁜 공주님이 있었어요.
힘들게 얻은 공주님이라서 임금님은 어디를 가든지 늘 함께 데리고 다녔어요. 그래서 공주님은 임금님과 함께 사람들이 쉽게 볼 수 없는 높은 산, 깊은 바다, 그리고 아주 커다란 동물과 물고기를 마음껏 구경할 수 있었지요.

공주님은 마음씨가 고와서 어려운 이들을 만났을 때 도와주지 않으면 직성이 풀리지 않았어요.

하루는 임금님과 함께 길을 가는데 어느 할머니가 무거운 짐을 머리에 짊어지고 걸어가고 있었어요. 땀을 흘리면서 걷는 할머니가 너무 불쌍해서 공주님은 마차에 함께 탈 수 있게 해주었어요.

할머니는 연신 고맙다고 인사했어요.

"공주님은 고운 마음 때문에 큰 복을 받으실 거예요."

그런데 공주님이 큰 병에 걸려서 자리에 눕게 되었지요.

공주 때문에 걱정하고 있는 임금님에게 의사는 말했어요.

"제가 가지고 있는 약으로는 공주님을 낫게 할 수 없습니다. 아주 특별한 약이 필요합니다. 그런데 그것이 무엇인지 저도 알 수 없으니 답답하기만 합니다."

임금님은 여러 날을 고민하다가 이런 글을 왕궁의 대문에 내붙였어요.

'공주를 낫게 하는 사람은 사위로 삼고 왕의 자리를 물려주겠다.'

멀리 떨어진 시골에 사는 세 형제들 가운데 첫째가 망원경으로 그 글을 보았어요.

첫째가 동생들을 모아놓고 말했어요.

"공주님이 병에 걸렸는데, 그것을 치료할 수 있는 약이 없다고 하는구나. 내게는 멀리 볼 수 있는 망원경이 있고, 너희들은 어디든 날아갈 수 있는 양탄자와 신기한 힘을 가진 사과가 있으니 공주님의 아픈 곳을 고쳐보는 게 어떻겠느냐?"

나머지 형제들도 형의 말에 고개를 끄덕였어요.

세 명의 형제들은 양탄자를 타고 왕궁으로 날아가서 임금님을 만났어요.

"저희들이 가지고 있는 작은 재주로 공주님의 병을 치료하고 싶습니다."

셋째는 함께 가져온 마법의 사과를 꺼내서 공주님에
게 먹였어요.

그러자 공주님은 거짓말처럼 병이 말끔하게 나았어요.

임금님은 너무 기뻐서 많은 사람들을 모아놓고서 잔치
를 벌였어요.

"여기에 있는 세 형제가 공주의 병을 치료했으니, 이 가운데
한 명을 골라서 내 사위로 삼을 것이오. 지금 신랑감을 발표하도록
하겠소."

형제들은 서로 공주님의 신랑이 될 꿈에 부풀었어요.

첫째가 말했어요.

"내가 임금님이 붙인 글을 망원경으로 보지 않았다면 공주님이 아
픈 것도 몰랐을 거야. 그러니 내가 당연히 공주님과 결혼해야 하는 거
라고."

둘째가 입술을 앞으로 삐죽 내밀면서 말했어요.

"그래도 내 양탄자가 없었다면 우리가 이렇게 먼 곳까지 올 수 있
었을까? 공주님의 신랑감은 당연히 내가 되어야 한다고."

첫째와 둘째 형의 말을 가만히 듣고 있던 막내가 말했어요.

"망원경과 양탄자도 중요하지만, 내가 가지고 있던 신기한 사과가
아니었다면 공주님의 병은 고치지 못했을 거야."

아가의 지혜와 감성을 키우는
업그레이드 탈무드 태교 동화 01

　잔치에 모인 사람들도 임금님이 셋 가운데 누구를 공주의 신랑감으로 결정할지 무척 궁금했어요.

　임금님은 주저하지 않고 셋째를 사위로 삼았어요.

　"첫째와 둘째에게는 지금도 망원경과 양탄자가 그대로 남아 있다.

하지만 셋째의 사과는 공주가 먹어서 없어졌다. 셋째는 자기의 모든

것을 공주에게 준 것이다."

사랑스런 아가야, 세 번째 아들이 공주님과 결혼한 까닭은 무엇일까? 그래, 가지고 있는 전부를 주었기 때문이란다. 남을 도와줄 때는 아낌없이 베푸는 게 중요하단다. 어려운 사람을 도와주면서도 힘이 닿는 만큼 도와주지 않으면 오히려 돕지 않는 게 더 나을 때도 있단다. 엄마와 아빠는 우리 아기가 언제나 어려운 사람들을 즐겁게 도울 수 있는 사람이 되기를 바라고 있단다. 할 수 있지?

형제의 사랑

어느 때인가 이스라엘에는 아주 사이좋은 형제가 이웃에 함께 살고 있었어요.

형은 나이가 들어 결혼해서 부인과 자식을 두었지만 동생은 아직 결혼을 하지 않았어요.

형제는 모두 아주 부지런히 농사를 지었어요.

아무리 농사 일이 힘들어도 서로 미루는 법이 없었어요.

동생은 늘 형보다 더 많이 일하려고 했고, 그것은 형도 마찬가지였어요.

"오늘은 어제보다 일을 많이 했으니 형님은 이제 들어가서 쉬도록 하세요. 형수님과 조카들이 기다릴 거예요."

그러자 형이 말했어요.

"어제는 내가 일찍 집에 들어갔으니 오늘은 네가 먼저 들어가서 쉬도록 하여라. 일은 그렇게 매일 힘들게 하면 쉽게 지친단다."

어쩔 수 없이 두 사람은 해가 질 때까지 함께 일하고 나란히 집으로 돌아갔어요.

얼마 뒤에 아버지가 돌아가셨어요. 두 형제는 아버지가 남겨준 재산을 누가 더 갖겠다고 말하지 않았어요. 둘은 똑같이 나누어 가졌어요.

가을이 되었어요. 형제는 한 해 동안 일한 결실을 부지런히 추수했어요.

두 사람은 농장에서 거두어들인 사과와 옥수수를 똑같이 나누어서 각자 집에 마련해둔 곳간에 차곡차곡 저장했어요.

집으로 돌아와서 쉬고 있던 동생은 아무래도 형이 마음이 걸렸어요.

"형님은 딸린 식구가 많아서 먹을 것이 부족할지 모르니 내 몫을 좀 덜어 드리는 게 좋겠어. 이번에 조카도 하나 더 낳았으니 더 필요할 거야."

동생은 밤이 으슥해지자 곳간으로 갔어요. 마당에서는 홀로 나뭇가지에 앉아 있는 부엉이가 그리 크지 않은 소리를 내면서 울고 있었어요.

　동생은 곳간에 쌓여 있는 곡식 가운데 일부를 덜어서 형의 곳간으로 옮겨놓았어요.

　그런데 형도 그 생각을 똑같이 하고 있었어요.

　형이 부인에게 말했어요.

　"나는 이렇게 결혼을 해서 당신과 자식들과 함께 지내고 있으니 늙어도 별 걱정이 없지 않소. 그런데 동생은 저렇게 혼자 지내고 있으니 미리 저축을 해놓지 않으면 나중에 어려움을 겪게 될 거요. 동생이 저축할 수 있게 추수한 곡식을 더 가져다주면 어떻겠소?"

　형의 부인도 좋은 생각이라고 대답했어요.

형은 즉시 집밖으로 나가서 자기의 몫을 떼어서 아무도 몰래 동생의 곳간으로 옮겨 놓기 시작했어요.

날이 밝자 형제는 각기 자기 곳간을 찾아가서 안을 둘러보았어요. 웬일인지 창고의 곡식은 조금도 줄어들지 않고 그대로 남아 있었어요.

동생은 이상하게 생각했어요. 어젯밤에 형의 곳간에 곡식을 옮겨다 주었지만 조금도 빈자리가 없었기 때문이었어요.

이상하기는 형도 마찬가지였어요.

이런 일은 다음날 밤에도, 또 그 다음날 밤에도 반복되어서 사흘 밤이나 계속되었어요.

그러던 어느 날 밤 형제는 전날 밤과 같이 자기 몫을 떼어서 상대방의 곳간으로 나르다가 그만 중간에서 서로 부딪치고 말았어요.

형이 말했어요.

"네가 이 시간에 어쩐 일이냐?"

동생이 물었어요.

"형님이야 말로 어쩐 일이십니까?"

두 사람은 밤마다 자신들의 곳간에서 곡식을 꺼내어서 상대방에게 가져다주게 된 까닭을 이야기했어요. 서로 계속해서 곡식을 가져다 준 덕분에 곳간의 곡식이 줄어들지 않았다는 것을 그제야 알게 되었어요.

그렇게 해서 형제는 얼마나 서로를 아끼고 있는지 다시 한 번 깨닫고서 부둥켜안고 울음을 터뜨렸어요.

사랑스런 아가야, 형과 동생은 어째서 추수한 곡식을 서로 가져다주려고 했는지 알겠니? 두 사람은 자기 혼자만 생각하지 않고 먼저 다른 사람이 필요한 것을 살피는 사랑스런 마음을 먹고 있었기 때문이란다. 이렇게 가족끼리 주고받는 사랑은 정말 값지고 소중한 것이란다. 형이 동생을, 동생이 형을 아끼는 가족이야 말로 그 무엇이라도 바꿀 수 없는 보석이라도 같단다. 엄마와 아빠는 가족들을 사랑하는 우리 아기가 되기를 기대하고 있단다.

자선의 결과

한 마을에 큰 농장을 운영하고 있는 농부가 있었어요. 그 농부는 예루살렘 부근에서는 누구보다 남을 돕는 일에 힘써서 사람들로부터 많은 존경을 받았어요.

해마다 랍비들이 그 농장을 찾아가면 농부는 랍비들에게 아낌없이 후하게 대접했어요.

하지만 농부는 자랑을 하는 법이 없었어요.

"내가 내놓은 보잘 것 없는 것으로 남들이 기쁘고 즐겁게 살아갈 수 있다면, 그보다 더 큰 즐거움이 어디에 있겠습니까? 올해는 더 열심히 농사를 지어서 내년에는 더 많이 도울 수 있도록 하겠습니다."

랍비들은 진심으로 농부에게 감사했어요.

그러던 어느 해 몹시 심한 폭풍우가 불어 닥치는 바람에 과수원이 모두 망가졌어요. 게다가 전염병까지 퍼져서 키우고 있던 양과 소를 비롯한 모든 가축들이 죽고 말았어요.

하루아침에 망하자 농부에게 돈을 빌려주었던 사람들이 몰려왔어요.

얼마 전까지만 해도 농부를 칭찬하던 사람들이 흉을 보기 시작했어요.

"자기 앞가림도 제대로 하지 못하면서 어떻게 남을 돕겠다는 거야. 남을 돕기 전에 자기 앞가림부터 해야 하지 않겠어?"

사람들은 그나마 농부에게 남아 있던 재산까지 모두 가져갔고, 그래서 남은 것이라고는 자투리땅이 전부였지요.

하지만 농부는 태연하게 부인에게 말했어요.

"하나님이 주신 것을 하나님이 찾아가신 것인데 할 수 없지 않소."

농장이 망해버린 그 해에도 역시 랍비들이 찾아왔어요. 랍비들은 그 많던 재산을 모두 잃어버린 농부를 위로했어요.

"지금까지 열심히 도우셨으니 올해는 그냥 넘어가도 하나님은 기뻐하실 겁니다."

그러자 농부의 아내가 남편에게 말했어요.

"여보 우리는 해마다 랍비님들을 통해서 학교를 세우고 가난한 사람과 노인들에게도 많은 돈을 헌금했는데, 올해는 아무것도 내 놓을

게 없으니 정말 부끄러워요. 그렇다고 저분들을 그냥 가게 할 수도 없
으니 어떻게 하면 좋을까요?"

농부가 말했어요.

"그래요. 아무리 힘들더라도 도와주어야 할 것 같소."

그래서 남편과 아내는 남아있는 자투리땅의 절반을 팔아서 헌금
을 하고는 나머지 땅을 일구어 농사짓기로 결심했지요. 랍비들은 뜻
밖의 헌금을 받고서 무척 놀랬어요.

그 뒤 농부는 절반만 남아 있는 자투리땅을 소를 이용해서 갈고 있
었는데 밭을 갈던 소가 갑자기 쓰러졌어요.

농부가 겨우 소를 끌어내자 소가 빠졌던 자리에서 보물이 쏟아져 나왔어요. 그 보물을 팔아서 농부는 다시 옛날처럼 큰 농장을 갖게 되었어요.

그 다음해에 랍비들이 또 찾아왔어요. 랍비들은 아직도 그 농부가 가난하고 어렵게 살고 있을 것이라 믿고 지난해까지 살았던 곳으로 찾아갔어요.

그랬더니 이웃 사람들이 말했어요.

"농부는 저쪽 큰 집에 살고 있습니다."

랍비들은 믿을 수 없었어요. 그렇게 가난하던 농부가 어떻게 큰 집에서 살 수 있는지 궁금했어요.

랍비들이 새 농장을 찾아가자 농부는 1년 동안 자신이 겪은 일들을 자세히 들려주면서 말했어요.

"남을 도우면 반드시 하늘로부터 복이 돌아오는 것 같습니다."

사랑스런 아가야, 흥부가 복을 받은 것은 무엇 때문이었을까? 흥부는 자기가 넉넉하든지 어렵든지 늘 남을 도우려는 생각을 갖고 있었기 때문에 복을 받게 된 거란 다. 사람들은 여유가 있어야지 남을 도울 수 있다고 생각한단다. 하지만 어려울 때 는 어려운대로 남을 도울 수 있는 길이 있기 마련이다. 그래서 먼저 남을 돕겠다는 마음을 먹는 게 무엇보다 중요하단다. 엄마와 아빠는 우리 아기가 남을 부지런히 돕는, 그래서 하늘로부터 커다란 축복을 받는 사람이 되기를 기대하고 있단다. 그렇게 할 수 있지?

천사의 키

어떤 남자가 밤늦게 일을 마치고 집으로 돌아오다가 추위에 떨고 있는 거지를 발견했어요. 거지는 추운 날씨에도 제대로 옷을 갖춰 입지 않고 있었어요.

남자는 걸음을 멈추고 물었어요.

"여보세요. 어째서 여기서 이렇게 떨고 있는 겁니까? 어디 갈 곳이 없습니까?"

거지는 추위 때문에 너무 떨다보니 대답도 제대로 하지 못할 정도였어요.

그 남자는 한참을 망설이다가 거지를 등에 업고서 집으로 돌아왔어요.

남자가 거지를 집으로 데리고 들어가자 부인이 펄쩍펄쩍 뛰었어
요.

"아니, 저렇게 남루한 옷에다가 땟물이 줄줄 흐르는 거지를 어째서
집으로 데리고 온 거예요? 집안에 이상한 냄새가 배겠어요. 당장 데리
고 나가세요."

남자가 말했어요.

"저 사람을 밖으로 내쫓으면 오늘밤을 넘기지 못하고 아마 죽고
말거요. 사람이 죽는 것을 보고 어떻게 그냥 내버려둘 수 있겠소. 그
러니 우선 먹을 것부터 내오도록 하세요."

남편의 설득 때문에 따뜻한 죽을 내온 부인은 거지를 벌레 보듯 했
어요.

남자는 당장 밖으로 내쫓으라는 부인을 잘 설득했어요. 어느 정도
기운만 차리면 언제라도 내보낼 수 있으니 걱정할 필요가 없다고 했
어요. 그렇게 해서 거지는 그 집에서 며칠을 더 묵어갈 수 있게 되었
어요.

부인은 남편의 부탁 때문에 거지를 집안에 두기는 했지만 거들떠
보려고 하지 않았어요. 음식은 먹다 남은 것만 주었고, 옷은 입다가
거의 버릴 정도가 된 누더기만 입혔어요. 그리고 거지 때문에 남편과
저녁마다 말싸움을 벌이기 일쑤였어요.

며칠이 지나자 남자도 거지를 집에 데려온 것을 후회하기 시작했

어요. 거지 때문에 부인과 자주 싸움을 하게 되었고 서로 미워하는 마음까지 생기게 되었어요.

남자는 집에 들어가기조차 싫어졌어요.

'아무래도 내가 괜한 짓을 한 것 같구나.'

남자는 후회했어요.

그런데 이상한 일이 벌어졌어요. 며칠이 지나면서부터 거지의 몸이 작아지기 시작했어요. 처음에는 어린아이처럼 작아지더니 며칠 더 지나자 점점 더 작아져서 갓난아기처럼 줄어들었어요.

주인 부부는 깜짝 놀랐지만 거지는 계속해서 작아지기만 했어요.

이것을 지켜보던 남자는 거지가 작아지는 게 자신들의 탓이라고 생각했어요.

"아무래도 저렇게 키가 줄어드는 것은 우리가 제대로 대접을 하지 않았기 때문인 것 같소. 앞으로 따뜻하게 잘 해주도록 합시다."

부인 역시 그제야 자신의 잘못을 깨닫고서 거지에게 친절을 베풀기 시작했어요.

따뜻한 밥에 깨끗한 옷을 갈아입히고 서로 마주 앉아서 즐거운 이야기를 나누었어요. 그러자 또다시 놀라운 일이 벌어졌어요. 거지가 조금씩 커지기 시작했어요.

며칠이 더 지나자 거지는 정상으로 돌아왔어요. 그런데 이상한 일은 그 뿐이 아니었어요. 지저분하던 얼굴이 깨끗해지고 온몸에서 좋은 향기가 나기 시작했어요.

부부는 깜짝 놀라서 그 거지를 자세히 살펴보았어요. 그러자 거지
의 모습은 사라지고 천사가 그 자리에 있었어요.

아가의 지혜와 감성을 키우는
업그레이드 탈무드 태교 동화 01

사랑스런 아가야, 이 세상에 어려운 사람들이 있는 것은 하나님이 우리에게 님을 도울 수 있는 기회를 주시기 때문이란다. 그러니 불쌍하고 어려운 사람들은 무엇보다 우리의 도움을 필요로 하고 있단다. 우리가 어려운 사람들을 도우면 그들만 기뻐하는게 아니란다. 하나님도 덩달아 기뻐하신단다. 엄마와 아빠는 하나님까지 기쁘게할 수 있는 우리 아기가 되기를 정말 기대하고 있단다. 할 수 있지?

진정한 보물

어느 나라 임금님이 들로 사냥을 나갔다가 정직하고 성실한 목자 이삭을 만났어요.

한눈에 이삭의 됨됨이를 알아본 임금님은 이삭을 궁전으로 데려 가서 신하로 삼았어요. 이삭은 그런 임금님의 기대를 저버리지 않고 서 아주 부지런히 일을 처리했어요.

이삭은 얼마 지나지 않아서 궁전의 보물을 관리하면서 매달 임금 님에게 보고해야 하는 중요한 일을 맡게 되었지요. 다른 신하들은 임 금님이 이삭만 사랑하는 게 몹시 못마땅했어요.

무슨 수를 쓰더라도 이삭을 왕궁에서 몰아내고 싶어하는 신하들 은 그의 행동을 하나도 빠짐없이 감시했어요.

그런데 이삭은 궁전의 탑 맨 꼭대기에 있는 방에 매일 한 시간씩 들어가서 나오지 않았어요. 그 방에 있는 물건들은 임금님에게 하는 보고에도 언제나 빠져 있었어요.

신하들은 그런 이삭의 행동을 놓고서 서로 수군거렸어요.

"이삭이 그 비밀장소에 무엇인가 대단한 것을 숨겨 놓고 있는 게 분명합니다."

"혹시 그곳에 무엇이 있는지 짐작할 수 있습니까?"

나이든 신하가 나서면서 말했어요.

"열쇠는 이삭 혼자만 가지고 있네."

또 다른 신하는 한 술 더 떴어요.

"이삭이 임금님의 보물을 훔쳐내서 그 방에 감추고 있는 게 분명하다니까."

결국 신하들은 임금님에게 그 사실을 알렸어요. 임금님은 신하들의 말을 듣고 빙그레 웃으면서 그 방을 조사해도 좋다고 허락했어요.

신하들은 이삭을 몰아낼 수 있는 좋은 기회를 잡았다고 생각하고서 탑의 맨 꼭대기에 있는 방의 문을 열었어요. 하지만 방에는 낡은 양가죽 조끼와 허름한 장화 한 켤레 뿐이었어요.

신하들은 방 안 어딘가에 보물이 숨겨져 있을 것이라고 생각하고서 샅샅이 뒤졌어요. 그들은 벽에 난 틈은 물론이고 천장까지 뜯어보았지만 아무 것도 찾아내지 못했어요.

그때 임금님이 이삭과 함께 그 방에 들어섰어요. 신하들은 자신들의 생각이 틀렸다는 것을 알고서 고개를 제대로 들지 못했어요.

임금님이 신하들을 바라보면서 웃으면서 말했어요.

"그대들이 이 방에서 무엇을 찾았소? 어서 찾아낸 보물을 모두 가져오시오."

"이 방에서 찾아낸 것은 양가죽 조끼와 낡은 장화 한 켤레가 전부이옵니다."

신하들의 목소리가 아주 작아졌어요.

그러자 임금님이 이삭을 돌아보면서 물었어요.

"자네는 어찌하여 이 방에 조끼와 장화를 두었는가?"

이삭이 대답했어요.

"임금님의 고마움을 기억하기 위함이었습니다. 임금님이 저를 궁궐에 불러주셨을 때 제가 가지고 있던 것이라야 고작 남루한 조끼와 장화 한 켤레가 전부였습니다. 제가 지금 누리고 있는 것은 모두 임금님이 주신 선물이라는 것을 잘 알고 있습니다."

임금님이 다시 물었어요.

"그것을 알면 됐지 굳이 그 물건들을 이 방에 가져다 놓고서 하루도 거르지 않고 찾아올 필요가 있었는가? 자네는 이미 궁전의 보물을 모두 관리하는 사람인데 말일세."

"그렇기 때문에 더욱 더 이 방을 자주 찾아와야 했습니다. 저는 이 방에 놓여있는 낡은 조끼와 장화를 바라볼 때마다 임금님에게 감사하는 마음을 갖게 되었고, 그래서 임금님을 위해서 최선을 다할 수 있었습니다."

이삭의 대답을 들은 신하들은 머리를 더 크게 숙일 수밖에 없었어요.

임금님이 한껏 웃으면서 말했어요.

"나는 그대의 성실함을 처음 만난 순간부터 조금도 의심하지 않았네. 이 세상의 어느 것보다 귀한 보물이 있다면 그것은 바로 그대의 가죽조끼와 장화일 것이야. 앞으로 두고두고 왕실의 보화로 삼겠소."

사랑스런 아가야, 감사하는 것만큼 소중한 일이 없단다. 그 누구라도 자기

혼자의 힘만으로 이 세상을 살아가는 사람은 없단다. 누군가로부터 크건 작건 간에 도움

을 받으면서 살아가기 마련이란다. 옛말에 "잘되면 내 탓, 잘못되면 조상 탓"이

라는 말이 있지만, 이것은 옳지 못한 행동이란다. 도움을 받았으면 그 사람에게 반드

시 감사해야 하고, 기회가 주어지면 신세를 갚기 위해서 노력해야 한단다. 이야기

에 나오는 이삭은 자신이 누구로부터 도움을 받았는지 잊지 않고 감사했기 때문에 임금님

에게 칭찬을 받을 수 있었단다. 엄마와 아빠는 우리 아기도 언제나 감사를 잊지 않

아서 모두로부터 사랑을 받을 수 있기를 진심으로 바라고 있단다.

세상에서 제일 위대한 사람

어떤 소년이 집을 떠나서 먼 여행을 시작했어요. 소년에게는 위대한 사람을 만나고 싶은 꿈이 있었어요.

소년은 위대한 사람을 찾아서 깊은 숲 속으로 들어갔어요. 어둡고 나무가 울창한 숲은 정말 무서웠지만 그것은 문제가 되지 않았어요.

소년은 숲에서 위대한 사람을 불렀어요.

"위대한 사람이여! 어서 나오세요."

숲에서는 소년의 발소리에 놀란 들짐승과 날짐승이 가끔 날아다닐 뿐이었고, 위대한 사람은 어디에 살고 있는지 흔적도 확인할 수 없었어요. 소년은 실망스러웠어요.

이번에는 높은 산을 끼고 있는 계곡을 찾아갔어요. 물소리가 요란

했지만 소년은 용기 있게 바위를 뛰어넘고 흐르는 시내를 건너가서 위대한 사람을 불렀어요.

"위대한 사람이여! 어서 나오세요."

아무리 소리쳐도 위대한 사람은 모습을 보여주지 않았어요.

소년은 사막으로 떠났어요. 바람이 불고 모래가 날리는 사막이었지만 소년은 두렵지 않았어요. 아무리 사막에 발이 깊게 빠져도 앞을 향해서 나갔어요.

낮이 지나고 밤이 되어도 소년은 어디에서도 쉬지 않았어요. 모래 언덕 너머에는 꼭 위대한 사람이 있을 것 같았어요.

손톱 같은 가느다란 달이 뜨고 하늘에서 별이 하얗게 빛나는 밤에 소년은 마침내 모래 언덕 위에 올라갈 수 있었어요.

"위대한 사람이여! 어서 나오세요."

하지만 위대한 사람은 나타나지 않았어요.

시간이 지날수록 소년의 발걸음은 기운을 잃었어요.

위대한 사람을 어디서든지 만날 수 있다고 생각하고 집을 나섰던 여행이 점점 길어지고 있었어요. 잘못하다가는 시간만 허비할 것 같아서 열심히 걸어 다녔지만 위대한 사람을 만나기는 쉽지 않았어요.

걷다가 너무 지쳐버린 소년이 돌 위에 풀썩 주저앉은 채 한숨을 내쉬었어요.

그 순간에 어느 노인이 소년의 앞에 나타났어요. 밝은 피부에 맑은 눈동자를 가진 할아버지는 소년이 보기에도 보통 사람은 아닌 것 같았어요.

소년은 속으로 생각했어요.

'저분이 내가 찾는 위대한 사람은 아닐까?'

노인이 소년에게 물었어요.

"애야, 어디를 그렇게 헤매고 다니느냐?"

소년이 대답했어요.

"저는 위대한 사람을 만나고 싶어서 이렇게 열심히 돌아다니는 중이랍니다."

노인은 소년을 보면서 빙그레 웃었어요.

"내가 그 사람이 어디에 있는지 가르쳐 주마."

"네!"

소년은 너무 기뻐서 자신도 모르게 목소리를 높였어요.

"고맙습니다. 어서 가르쳐 주세요!"

"지금 곧장 집으로 돌아가거라. 그러면 집에서 신발도 신지 않은 채 한 사람이 달려 나올 것이다. 그 사람이 바로 이리저리 찾아다니던 그 위대한 사람이다."

노인은 그렇게 말하고 갈 길을 갔어요.

소년은 자리를 박차고 일어나서 자기 집을 향해서 마구 달려갔어요. 숨이 차고 가슴이 찢어지는 것처럼 아팠지만 쉬지 않고 달렸어요.

드디어 며칠 만에 소년은 집에 도착했어요.

소년은 위대한 사람을 만나고 싶은 다급한 마음에 자기 집 문을 마구 두드렸어요. 그리고는 목청껏 소리 질렀어요.

"위대한 사람이여! 어서 나오세요."

그러자 누군가 안에서 후다닥 밖으로 뛰어나왔어요. 신발도 신지 않은 맨발이었어요.

소년은 할 말을 잃고 멍하니 그 위대한 사람을 바라보았어요.

위대한 사람은 바로 소년의 어머니였어요.

사랑스런 아가야, 하나님은 세상의 모든 사람들을 하나하나 보살피기 위해서 어머니를 보내주셨단다. 우리 아기를 뱃속에서 키워서 아픔을 참아가며 세상에 나오게 해서 온갖 사랑으로 돌보는 어머니는 이 세상의 그 누구보다 위대하단다. 우리 아기가 엄마와 아빠가 얼마나 사랑하는지 깨닫고 그 사랑을 갚으려고 노력하는 어린이가 되었으면 좋겠다. 사랑한다. 우리 아기!

사람의 진짜 모습

어느 조그만 마을에 구두쇠로 소문난 부자와 남을 잘 돕기로 널리 알려진 신발장사가 살았어요.

마을 사람들은 누가 찾아오더라도 돕는 법이 없는 구두쇠 부자를 무척 미워했지요. 아이들까지 구두쇠로 소문난 사람과 마주치면 인사도 하지 않고 지나갈 정도였어요.

하루는 동네마다 돌아다니면서 구걸을 하는 거지가 신세를 지기 위해서 구두쇠로 소문난 사람의 집을 찾아갔어요.

거지가 문 앞에서 큰 소리로 외쳤어요.

"집을 보아하니 아주 잘 사는 것 같은데, 이번에 크게 한번 도와주시면 신세진 것을 절대 잊지 않겠습니다. 도와주세요."

집안에서 소리가 들려왔어요.

"우리 집에서는 그냥 도와주는 법이 없습니다. 밭에 나가서 일을 하면 그만큼 품삯을 쳐주겠습니다. 나가서 일을 하세요."

그러자 거지가 침을 땅에 뱉으면서 말했어요.

"지금까지 몇 년간 거지 노릇을 해봤지만 일을 시키고 도와주겠다는 사람은 처음이야. 이러니 사람들에게 구두쇠라는 말을 듣는 거야."

그런데 신발 장사는 구두쇠와 달랐어요. 가게를 찾아오는 손님은 물론이고 어떤 거지들이 찾아오더라도 빈손으로 돌려보낼 때가 없었어요. 마을 사람들은 그런 신발 장사를 늘 칭찬했어요.

"우리 마을의 구두쇠도 신발 장사의 절반만 닮아도 좋을 텐데. 어쩌면 저렇게 두 사람이 다를 수 있을까?"

어느 날 구두쇠로 이름난 사람이 세상을 떠났어요. 그가 죽었다고 해서 누구 하나 슬퍼하지 않았어요.

구두쇠로 알려진 사람의 집 앞을 지나가다가 누군가 옆 사람에게 물었어요.

"그 구두쇠가 죽었다고 하는데, 장례식에 참석해야 하지 않을까?"

그 사람이 혀를 차면서 말했어요.

"절대 공짜로 도와주는 법이 없는 사람의 장례식에는 참석해서 무엇을 하려고. 그럴 필요 없네. 세상에 공짜가 어디에 있나."

그렇게 해서 구두쇠는 쓸쓸히 무덤에 묻혔고, 마을 사람들은 당연

하다고 생각했어요.

　그런데 며칠 지나지 않아서 마을에 이상한 소문이 돌기 시작했어
요. 남을 잘 돕기로 소문난 신발 장사의 태도가 완전히 달라졌다는 것
이었어요.

　거지가 찾아가도 문을 열지 않고, 어려운 사람이 도움을 청해도 모
른 체 하기 일쑤였어요.

　마을의 어른이 신발 장사를 찾아가서 이유를 물었어요. 그러자 신
발 장사는 시큰둥한 표정을 지으면서 대답했어요.

"그야 내 돈이 아니니 남을 도왔지요. 만일 지금까지 남을 도와준 돈이 내 것이었다면 이렇게 신발이나 만들어서 팔고 있겠습니까?"

그러자 마을 어른이 깜짝 놀라면서 다시 물었어요.

"그러면 당신이 남을 도와준 돈은 도대체 누구의 것이었습니까?"

신발 장사가 어려운 사람에게 나누어준 돈은 바로 구두쇠로 소문난 사람의 것이었어요.

"여러 해 전의 일이었습니다. 하루는 마을 사람들이 구두쇠라고 부르는 그분이 나를 찾아와서 많은 돈을 내놓으며 어려운 이들을 도와주라고 부탁했습니다. 나는 그 돈으로 열심히 거지와 어려운 사람들을 도와주었습니다. 사람들은 겉모습만 보고서 아무 것도 모른 채 나를 칭찬한 것입니다. 이제 돈도 떨어지고 구두쇠라고 소문난 그분도 세상을 떠났으니 진실을 밝히고 싶습니다."

신발 장사의 말을 전해들은 마을 사람들은 겉모습만 보고 판단한 자신들의 잘못을 후회했어요. 그리고 구두쇠로 알려진 사람의 무덤을 정성껏 돌보았어요.

사랑스런 아가야, 남을 도울 때는 말보다 손과 발이 더 빨라야 한다. 말을 앞세우다 보면 자기 자랑이 되고, 그러면 남을 안 돕는 것보다 못한 일이 될 때가 많단다. 살아 있을 때는 구두쇠로 소문이 났지만 나중에 사람들로부터 존경을 받았던 부자처럼 우리 아기가 드러나지 않게, 그러면서도 부지런히 남을 돕는 사람이 되었으면 좋겠구나. 우리 아기는 엄마와 아빠의 부탁을 들어줄 수 있지?

사랑이라는 돌

한 사내가 마음이라는 도시를 찾아갔어요.
그런데 그 도시의 마음들은 어쩐 일인지 모두 문을 걸어 잠
근 채 전혀 문을 열어주지 않아서 마음 안으로 들어갈 수 없었어요.

사내는 용기를 내서 잘 꾸며진 마음의 집 대문을 두드렸어요.

"마음의 도시를 찾아서 일부러 먼 길을 왔습니다. 하루만 묵어갈
수 있도록 문을 열어주시면 정말 감사하겠습니다."

하지만 마음은 열리지 않았어요.

사내는 또 다른 마음의 집을 찾아갔어요. 이번에도 사내는 예의바
르게 문을 두드리면서 사정 이야기를 했어요.

"하루만 묵어갈 수 없겠습니까? 어디라도 좋습니다."

마음의 문은 열리지 않았어요.

결국 사내는 그곳을 떠나서 지혜로운 사람을 찾아가서 물었어요.

"마음들이 모두 하나 같이 닫혀 있으니 어찌된 영문인지 모르겠습니다. 아무리 열심히 문을 두드려도 열어줄 생각을 하지 않습니다."

지혜로운 사람이 흰 돌 하나를 건네주며 말했어요.

"이 돌을 지니고 가도록 하게. 이것만 있으면 어떤 마음이라도 열 수 있네. 아무리 완고한 마음이더라도 말일세."

사내는 지혜로운 사람이 건네는 돌을 받아들고서 다시 마음의 도시를 향해서 출발했어요.

마음의 도시에 도착한 사내가 처음으로 눈에 띈 집을 찾아가서 문을 두드렸어요.

"이 도시에 처음 찾아온 사람입니다. 묵어갈 수 있겠습니까?"

사내는 속으로 자신이 없었어요. 꼭 또 다시 외면당할 것 같아서 마음이 조마조마했어요.

그런데 놀랍게도 마음의 문이 활짝 열렸어요.

"어서 들어오세요. 기다리고 있었습니다."

사내는 먼저 번에 찾아왔을 때와 너무 반응이 달라서 그만 깜짝 놀랐어요.

다음 날이 되어서 다른 집을 찾아 나섰어요.

길가에 줄지어 늘어선 집 가운데 한 곳에 다가가서 문을 두드리려

고 하는 순간에 갑자기 문이 활짝 열렸어요.

"어서 들어오세요. 기다리고 있었습니다."

사내는 집 안으로 들어가서 아주 풍성하게 대접을 받았어요.

그 다음 날에도 사내가 찾아가는 마음의 집마다 모두 기쁘게 맞아주었어요.

가만히 보니 마음의 도시 전체가 사내를 환영하고 있는 것이었어요.

사내는 너무 기뻤지만, 다른 한편으로는 이해할 수 없었어요. 어째서 지난번에는 그렇게 사정을 해도 자기에게 문을 열어주지 않다가 이렇게 환영해주는지 궁금했어요.

사내는 흰 돌을 주었던 지혜로운 사람에게로 달려갔어요.

"어째서 지난번에는 아는 체도 하지 않다가 이번에는 이렇게 뜨겁게 환영해주는 겁니까? 이유를 알 수 없습니다."

"그것은 자네가 가지고 있는 흰 돌 때문이라네. 그 돌 덕분에 마음의 문들이 쉽게 열린 것일세. 그것만 있으면 앞으로 어떤 마음도 자네에게 문을 열어줄 걸세."

사내가 다시 물었습니다.

"그렇다면 도대체 이 돌의 이름은 무엇입니까?"

지혜로운 사람이 말했어요.

"그것을 사람들은 사랑이라고 부르지! 사랑만 있으면 어떤 마음이라도 문을 활짝 열고 자네를 맞아줄 걸세."

사랑스런 아가야, 사람들의 마음을 움직일 수 있는 가장 큰 힘은 바로 사랑

이란다. 사랑보다 강한 것은 이 세상 어디에도 없단다. 사랑이 부족하면 사람들은 슬

퍼하고, 가슴 아파하고, 그리고 괴로워서 어쩔 줄 몰라 한단다. 하지만 사랑이 넘치

게 되면 모두가 하나가 되어서 함께 기뻐하고 즐거워한단다. 그래서 어떤 사람은

사랑이 모든 병을 고칠 수 있는 묘술과 같은 약이라고 말하기도 한단다. 엄마와 아빠

는 우리 아기가 이 세상 누구에게나 아낌없이 사랑을 줄 수 있는 사람이 되기를 바라

고 있단다. 그래서 우리 아기의 사랑을 통해서 세상 사람들 모두가 마음의 문을 활짝

열게 되었으면 좋겠다. 그럴 수 있지?

욕심의 끝

아리따운 처녀가 집 앞에서 왕자님을 기다리고 있었어요. 처녀는 왕자님을 만나면 결혼해서 궁전에서 영원히 행복하게 살아갈 자신이 있었어요. 처녀는 왕자님을 직접 만나지는 못했지만 목소리는 들은 적이 있었어요. 처녀의 집 앞을 지나면서 다른 사람들과 이야기하는 소리를 들었어요.

이후로 처녀는 하루도 거르지 않고서 아름답게 꾸미고서 집 앞에서 왕자님을 기다렸어요.

그런데 앞을 못 보는 사람이 처녀 쪽으로 더듬더듬 다가오고 있었어요. 그 모습을 본 아리따운 처녀의 얼굴이 찌그러졌어요.

얼굴은 물론 온몸이 초라하기 이를 데 없었고, 몸에서는 냄새까지

나는 것 같았어요.

　그 사람은 처녀 쪽으로 겨우 다가오더니 이렇게 말했어요.

　"내가 지금 먼 곳에서 우리 집을 찾아가는 길인데, 보시다시피 앞을 보지 못하니 너무 힘이 듭니다. 나를 좀 안내해줄 수 없겠습니까? 내가 은혜는 꼭 갚도록 하겠습니다."

　처녀는 그 사람의 얼굴도 제대로 바라보지 않으면서 거절했어요. 그리고 자신은 꼭 기다려서 만나야 할 사람이 있다는 말도 덧붙였어요.

　앞을 못 보는 사람은 슬픈 표정을 지으면서 처녀의 앞을 지나갔어요.

처녀가 기다리고 있는 것을 모르는지 한참을 기다려도 왕자님은 집 앞으로 지나가지 않았어요. 힘이 들었지만 처녀는 언제 지나갈지 모를 왕자님을 애써 기다리기로 했어요. 왕자님만 만나면 자신이 꼭 신부가 될 수 있을 것 같았어요.

그때 허리가 다 꼬부라진 할머니가 머리에 짐을 이고서 처녀의 앞을 지나갔어요. 등을 제대로 피지 못하는 할머니에게 짐은 너무 무거워보였어요.

흰머리가 희끗희끗한 할머니가 말했어요.

"내가 지금 시장에서 물건을 사가지고 가는데, 우리 집이 멀지 않으니 잠깐만 들어다 줄 수는 없겠소?"

처녀는 할머니가 왠지 걱정스러워 보였지만 그냥 자리를 지켜야 할 것 같았어요. 할머니를 돕느라 왕자님을 놓칠 수는 없는 일이었어요. 하지만 마음 한 쪽에서는 할머니를 도와야 할 것 같았어요.

미처 마음의 갈피를 잡지 못하는 사이에 할머니는 벌써 저만큼 갔고 처녀는 어쩔 수 없는 일이라고 생각했어요.

시간이 흐르고 해가 뉘엿뉘엿 저물기 시작해도 왕자님은 모습을 보이지 않았어요. 처녀는 초조해지기 시작했어요. 한껏 맵시를 부린 자신의 모습을 왕자님에게 보일 수 없을지 모른다는 생각이 들자 더욱 초조해졌어요. 길 쪽으로 나가서 동네 어귀를 바라보았지만 왕자님은 올 것 같지 않았어요.

처녀가 막 돌아서려는 순간에 심하게 몸을 다친 사람이 다가왔어요. 다리를 크게 다쳤는지 꽤나 고통스러워했어요.

그 사람이 처녀에게 도움을 청했어요. 자신은 사냥꾼인데 짐승을 좇다가 그만 발을 헛디뎌서 다리가 부러지고 말았다는 것이었어요. 그리고 말했어요.

"집에까지만 데려다 주시면 은혜는 잊지 않겠습니다. 도와주세요."

처녀는 다친 사냥꾼의 부탁을 역시 거절했어요. 소중한 사람을 기다려야 한다는 게 그 이유였어요. 그 사람은 다리를 절룩대면서 그곳을 떠났어요.

이미 저녁이 다 지나가고 있었지만 처녀는 여전히 왕자님을 기다리고 있었어요. 사람들이 하나도 다니지 않고 더 이상 왕자님이 올 것 같지 않았지만 처녀는 끈기 있게 기다리고 있었어요. 왕자님이 자기 얼굴만 보기만 하면 반드시 신부가 될 자신이 있었어요.

하지만 처녀는 까맣게 몰랐어요. 낮에 자신에게 도움을 청한 사람들의 얼굴만 제대로 보았더라도 모두 똑같은 사람의 얼굴이었다는 것을 말이에요. 그리고 그들의 목소리가 바로 꿈에서까지 그리던 왕자님의 음성이었다는 것도 처녀는 알지 못했어요.

사랑스런 아가야, 어떤 사람들은 사랑을 받으려고만 한단다. 이런 사람들은 결코 사랑을 받지 못하는 법이다. 정말 다른 사람들로부터 사랑을 받고 싶다면, 무엇보다 먼저 자신의 사랑을 다른 사람들에게 베풀고 나눠주어야 한다. 사랑을 나눠줄 수 있는 사람들만이 사랑을 누릴 수 있는 자격이 있단다. 어리석은 처녀처럼 사랑이 필요한 사람을 모른 채 하고서 사랑을 줄 수 있는 사람만 기다리다가는 영원히 사랑을 받을 수 없단다. 엄마와 아빠는 우리 아기가 다른 사람들을 사랑하고 사랑받을 수 있기를 기도하고 있단다.

요술 돌멩이

옛날 자기밖에 모르는 마을 사람들이 있었어요. 이웃에게는 전혀 관심이 없었지요.

사람들은 길에서 서로 마주치더라도 아는 체 하지 않았고 대낮에도 서로 문을 꼭꼭 걸어 잠근 채 지냈어요.

하루는 어느 나그네가 그 동네를 지나가다가 배가 고파서 집집마다 돌아다니면서 문을 두드렸지만 누구 하나 내다보는 사람이 없었어요. 동네 전체가 썰렁했어요.

어떻게 사람들을 불러낼지 생각하던 나그네가 한 가지 꾀를 냈어요.

나그네가 동네 한복판에 서서 소리쳤어요.

"나에게 요술 돌멩이가 있습니다. 이 돌멩이를 넣고 끓이게 되면 둘이 먹다 죽어도 모를 죽이 됩니다. 어서 모이세요."

나그네의 말을 들은 동네 사람들이 너도나도 모여들었어요.

이 사람 저 사람 모두 궁금해서 물었어요.

"정말 그게 요술 돌멩이가 맞습니까?"

"그것만 끓여도 죽이 된다고요?"

"돌멩이만 가지고는 요리가 될 것 같지 않은데요."

그러자 나그네가 대답했어요.

"말로만 해서 무엇 합니까? 맛을 보아야 믿을 것 아니겠어요?"

나그네는 솥에 돌과 물만 넣고 끓이기 시작했어요.

동네 사람들은 숨을 죽이고서 나그네를 조용히 지켜보았어요. 물이 끓기 시작하자 나그네는 국자로 맛을 보았어요.

"맛이 덜 들었군. 감자가 하나 있으면 맛이 참 좋을 텐데…"

그러자 옆에서 보고 있던 한 사람이 집으로 부리나케 달려가서 금세 감자를 가져왔어요.

나그네는 감자를 넣고 끓이다가 다시 말했어요.

"고기를 조금 넣으면 맛이 한결 좋아질 겁니다."

그 말이 끝나기가 무섭게 이번에는 어느 아주머니가 급하게 집에서 소고기를 가져왔어요.

솥에서 감자와 소고기가 끓으면서 보글보글 소리를 냈어요.

나그네가 또 다시 혀를 차면서 말했어요.

"소고기를 넣었지만 야채가 없으니 맛이 제대로 날지 모르겠네요."

그러자 동네 사람들은 너도나도 집으로 달려가서 여러 가지 야채들을 가져왔어요.

나그네는 알 듯 모를 듯한 웃음을 지으면서 말했어요.

"그런데 그릇이 없어서 어떻게 하지요?"

그 말이 끝나기 무섭게 그릇이 준비되었어요.

이제 어떤 사람들은 누가 시키지도 않았는데도 직접 집에서 먹을 것을 내와서 상을 차릴 준비를 했어요.

마침내 죽이 다 끓자 나그네는 사람들을 불러서 일일이 죽을 퍼주었어요. 사람들은 자신들이 조금씩 가져온 음식 재료로 만들어진 죽이 너무 맛이 있었어요.

하지만 여전히 요술 돌멩이 때문에 죽이 만들어졌다고 생각했어요. 그리고는 나그네를 칭찬했어요.

"어떻게 저렇게 대단한 돌멩이를 가지고 있는 걸까? 정말 부러운걸."

나그네는 맛있게 죽을 먹고 있는 사람들에게 말했어요.

"여러분이 지금 맛있는 죽을 먹을 수 있는 것은 내가 집어넣은 돌이 요술을 부렸기 때문이 아닙니다. 그것은 그냥 돌일 뿐입니다."

동네 사람들은 믿을 수 없다는 표정을 지었습니다.

"죽이 맛있게 된 것은 여러분이 가져온 재료들 때문이었습니다."

동네 사람들은 어리둥절한 채 서로 바라보았어요. 자신들이 가져온 조그만 재료들이 그토록 맛있는 죽을 만들었다는 게 믿어지지 않았어요.

나그네가 떠나고 나자 사람들은 서로 닫힌 문을 활짝 열고서 맛있는 음식을 먹으며 이웃끼리 다정한 인사를 나누게 되었어요.

아가의 지혜와 감성을 키우는
업그레이드 탈무드 태교 동화 01

사랑스런 아가야, 어떻게 돌멩이를 가지고 맛있는 죽을 끓일 수 있었을까?
사실은 돌멩이가 요술을 부려서 죽을 끓인 것은 아니란다. 마을 사람들이 요술 돌멩이라

고 믿고서 저마다 여러 가지 재료들을 가지고 나와서 함께 끓였기 때문에 맛있는 죽

을 끓일 수 있게 된 거란다. 우리의 사랑도 그렇단다. 사람들은 따로 떨어져 있으면

별다른 힘을 발휘할 수 없지만, 서로 사랑해서 힘을 모으게 되면 놀라운 능력을 발휘

하게 된단다. 엄마와 아빠는 우리 아기가 요술 돌멩이처럼 사람들이 서로 사랑하

게 만들 수 있는 훌륭한 사람이 되기를 바라고 있단다. 사랑의 요술 돌멩이가 될 수 있

겠지?

●유태인의 육아 교육법2

유태인들은 아기를 기를 때 엄마가 전적으로 주도권을 갖지 않습니다. 아빠가 육아에 참여하는 것을 아주 당연하게 생각합니다. 아빠는 아무리 바쁘더라도 직장이 끝나면 대개 집으로 곧장 돌아옵니다. 가정에 돌아오면 아빠는 가정교사가 되기도 하고, 재판장이 되기도 합니다. 자녀들의 부족한 점을 확인하고 도움을 주려고 노력할 뿐 아니라 악기를 배울 때는 늦은 시간까지 직접 따라가서 음악수업이 끝날 때까지 자리를 비우지 않습니다.

그리고 자녀끼리 다툴 경우에도 아무리 어린아이들의 문제라고 해도 그것을 해결하기 위해서 적극적으로 관여합니다. 자녀가 다투거나 주먹다짐을 했을 때 아빠는 법정의 재판관처럼 자녀에게 그 이유를 논리적으로 설명하게 하고, 그것이 만족스럽지 않을 때는 몇 번이고 대답을 반복하도록 요구합니다. 자녀가 학교에 입학할 때도 그 모든 과정에 아빠가 직접 책임을 지고 처리하는 것을 아주 당연하게 생각합니다.

| Chapter 3 |

겸손한 아가로
자라주렴

뱀의 머리와 꼬리

뱀의 꼬리는 언제나 머리 뒤에 붙어서 머리가 가는 대로 따라 다녀야 하는 게 정말 싫었어요.

머리가 동으로 가면 동으로, 서로 가면 서로 따라가야 했어요. 가고 싶지 않은 곳에 머리 때문에 함께 다니는 게 늘 불만이었어요.

어느 날 꼬리는 더 이상 참지 못하고 머리에게 화를 냈지요.

"어째서 나는 항상 네 꽁무니만 무조건 따라다녀야 하고 항상 네 마음대로 나를 끌고 다니는 거지? 이건 공평하지 못한 일이야. 나도 분명히 뱀의 한 부분인데도 항상 네게 달라붙어 끌려 다니기만 해야 된다니 이건 너무 부당한 일이라니까."

그러자 머리가 당연하다는 듯이 대꾸했어요.

"그게 무슨 말이야 바보같이? 너에게는 앞을 볼 수 있는 눈도 없고, 위험을 알아차릴 귀도 없잖아. 나는 내 자신만을 위해 그렇게 하는 게 아니라 너를 생각해서 끌고 다니는 거라고. 이제 알겠니?"

꼬리가 큰 소리로 비웃으면서 말했어요.

"그런 말은 지겹도록 들어 왔어. 폭군이나 독재자들도 자기를 따르는 자들을 위하여 일한다는 구실로, 제 마음대로 하고 있는 거야. 네가 그 사람들과 다른 게 무엇이지?"

이렇게 꼬리가 응수하고 나서자 머리는 할 수 없다는 듯이 말했어요.

"정 그렇다면 네가 한번 내 일을 맡아 보는 게 어떨까? 네가 원하는 대로 가면 나는 그냥 따라가 줄 테니."

그 말을 듣고 꼬리는 매우 좋아했어요. 꼬리는 신이 나서 앞으로 나가서 움직이기 시작했어요. 이제는 더 이상 머리의 지시를 받지 않고 원하는 방향으로 마음껏 달리니 그보다 좋을 수 없었어요.

그런데 얼마 가지 못해서 뱀은 도랑으로 굴러 떨어지고 말았어요. 한동안 도랑에서 허우적거리고 있는데 머리가 말했어요.

"네 말을 들은 내가 어리석구나. 앞을 못 보면서 무조건 가면 어떻게 하겠다는 거니? 내가 다시 앞으로 나서면 안 될까?"

꼬리는 머리의 말을 들을 생각도 하지 않은 채 어떻게든 도랑을 빠져나가려고 애를 썼어요.

보다 못해서 머리가 꼬리에게 묻지도 않고 도랑을 빠져나와서 둑으로 기어 올라갔어요.

꼬리는 고마워하기는커녕 머리가 마음대로 움직인 것 때문에 분하게 생각했어요.

그리고는 머리에게 두 번 다시 앞으로 나서지 않겠다는 약속을 받아냈어요.

그렇게 해서 얼마를 기어가다가 꼬리는 그만 가시밭으로 들어가고 말았어요.

꼬리가 가시덤불을 빠져나오려고 애쓰면 애쓸수록 가시에 점점더 찔려서 옴짝달싹할 수가 없었어요. 움직이기도 쉽지 않을 정도로 상처를 입은 뱀은 머리의 도움을 받아서 상처투성이가 된 채 겨우 가시밭에서 빠져나왔어요.

그런데도 꼬리는 포기하지 않았어요. 또 다시 꼬리가 앞장서서 가고 있는데 멀리서 연기가 피어오르고 있었어요.

농부들이 농사를 짓기 전에 풀을 모두 태우고 있는 중이었어요.

연기가 무엇을 뜻하는지 잘 알고 있는 머리는 꼬리를 급히 불러 세웠어요.

"이대로 가다가는 우리 둘 다 불에 타죽고 말아. 그러니 돌아서 가자. 앞으로 가면 불이 기다리고 있다니까."

꼬리가 말했어요.

"몇 번 실수했다고 해서 나를 믿지 못하는 거니? 지금까지 너와 숲

하게 돌아다녔지만 한 번도 불에 댄 적이 없었잖니. 그러니 걱정하지 말고 나를 따라오기만 하면 된다고. 알았지?"

그리고는 또다시 앞장서 나가다가 이번에는 불 속으로 들어가고 말았어요. 꼬리는 몸이 점점 뜨거워지는 것 같았지만 앞이 보이지 않으니 어찌해야 할지 알지 못했어요.

뱀은 두려움에 떨기 시작했어요.

다급해진 머리가 어떻게든 불길을 벗어나보려고 애를 써보았지만 이미 때는 늦은 뒤였어요.

꼬리도 머리도 모두 불에 타서 함께 죽어버렸지요.

겸손한 아가야, 머리는 머리가 할 일이 있고 꼬리는 꼬리가 할 일이 있지만 어리석은 뱀의 꼬리는 그것을 무시하다가 결국 목숨을 잃어버리고 말았단다. 무슨 일을 하든지 자신이 맡은 일을 성실하게 하는 게 중요하단다. 자신이 맡은 일은 소중히 여기지 않고, 남의 일을 참견하다가는 서로 망할 수 있단다. 아가야 머리가 되든지 꼬리가 되든지 있는 자리에서 최선을 다하는 사람이 되어야 한단다. 엄마와 아빠는 우리 아기가 남들을 겸손하게 대하면서 자기 일에 힘쓰는 사람이 되기를 기도하고 있단다. 그렇게 할 수 있겠지?

교만한 나귀

왕자님이 오랜만에 궁전 밖으로 나와서 이곳저곳을 돌아다니면서 구경을 했어요.

신기한 것이 너무 많아서 한참을 돌아다니다 보니 벌써 해가 뉘엿뉘엿 지고 있었어요.

왕자님이 궁전으로 돌아가는 길에 타고 가던 마차 바퀴 한 쪽이 어느 마을 입구에서 갑자기 고장이 나서 멈추고 말았어요.

신하들은 왕자님을 모시기 위해서 부랴부랴 나귀 한 마리를 끌고 왔지요.

왕자님을 태운 나귀가 마을에 들어서자 바삐 지나가던 사람들이 급한 걸음을 멈추고서 공손히 머리를 숙여서 인사를 건넸어요.

모든 사람이 인사를 하자 나귀는 자신에게 인사를 하고 있다고 생각하게 되었어요.

'모두가 나를 존경하고 인사를 하는구나. 내가 이렇게 대단한 존재라는 것을 어째서 지금까지 몰랐을까.'

나귀는 목에 잔뜩 힘을 주고서 뻣뻣하게 걷기 시작했어요.

얼마를 더 가자 학교에서 돌아오면서 조잘대던 아이들이 깜짝 놀란 얼굴을 하고서는 허리를 숙여서 인사를 했어요.

'그래, 저렇게 어린 아이들도 내가 얼마나 중요한지 잘 알고 있는 거야.'

나귀는 얼마나 흐뭇했는지 몰라요.

그리고 계속해서 걸음을 걷다가 나이를 많이 먹은 마을의 어른들을 만났는데, 그들 역시 크게 허리를 굽히면서 인사를 했어요.

그러자 나귀는 더욱더 교만해졌어요.

'이제 보니 세상 사람들이 나를 이렇게 존경하고 있구나. 그런데 내가 어째서 이렇게 어린 꼬마를 등에 태우고 다녀야 하는 거야?'

그때 나귀의 고삐를 잡고서 끌고 가던 사람이 회초리로 나귀의 엉덩이를 세게 때렸어요. 꾸물거리는 나귀에게 빨리 가자고 재촉하는 매였지요.

그러자 약이 오른 나귀는 그 자리에 멈춰 선 채 한 발자국도 움직이려고 하지 않았어요.

모두가 자신 앞에서 겸손하게 고개를 숙이고 인사를 하고 있는데 매를 들고 사정없이 내려치는 사람이 너무 미웠어요.

나귀가 고집을 피우면서 움직이려고 하지 않자 고삐를 잡은 사람이 한 번 더 회초리를 들어서 내려치려다가 나귀가 무슨 생각을 하고 있는지 알아차렸어요.

그 사람은 공손히 왕자님에게 다가가서 나귀의 등에서 내려달라고 청했어요. 그리고 나서는 더 큰 몽둥이를 가져다가 움직이지 않으려고 하는 나귀를 있는 힘껏 후려쳤어요.

생각하지 못한 매를 맞게 된 나귀는 도무지 영문을 알 수 없었어요.

마을 사람들도, 그리고 학교에 다니는 아이들과 나이 많은 할아버지들까지 자기에게 인사를 하고 있는 마당인데, 앞에서 고삐를 잡고 끌고 가는 사람이 인정사정없이 몽둥이로 혼찌검을 내는 게 나귀는 너무 서운했어요.

몽둥이로 내리친 사람이 나귀의 귀에 입을 가져다 대고서 나지막이 말했어요.

"이 바보 같은 나귀야, 사람들이 너를 보고서 인사를 한 것 같으냐? 만일 네가 등에 태운 분이 누구라는 것을 알고 있다면 절대 그런 생각을 하지 못할 것이다. 잘 들어둬라. 네가 등에 태웠던 분은 이 나라의 주인이신 임금님의 아드님이시다. 사람들이 줄지어서 인사한 것은 네가 아니라 왕자님이시다."

그제야 나귀는 사정을 알게 되었어요.

마을 사람들과 어린 아이들, 그리고 나이 많은 어른들이 크게 고개를 숙여서 인사한 것은 자신이 아니라 왕자님을 위함이었다는 것을 말이에요.

겸손한 아가야, 존경하는 마음은 아무 이유 없이 생기는 것이 아니란다. 세상 사람들의 존경을 받는 것은 모두 그럴만한 이유가 있기 때문이란다. 나귀가 잘못한 것은 어떤 노력도 하지 않고서 남이 받아야 할 존경을 가로챈 것이란다. 나귀처럼 엉뚱한 생각을 하지 않기 위해서는 무엇보다 자신을 먼저 살펴야 한단다. 그리고 만일 존경을 받을 수 있는 자격이 없다고 생각되면 반드시 남에게 그것을 돌려야 한다. 엄마와 아빠는 우리 아기가 모든 사람으로부터 존경과 사랑을 받는 사람으로 성장하기를 진심으로 바라고 있단다. 그렇게 할 수 있겠지?

누가 최고일까

임금님이 그만 병에 걸려서 자리에 눕고 말았어요. 의사가 달려와서 임금님을 찬찬히 살펴보고 나서 말했어요.

"임금님이 걸린 병은 세상에서 보기 드문 병입니다. 임금님은 어미 사자의 젖을 먹어야만 병이 나을 수 있습니다."

임금님은 신하들을 모아놓고서 어미 사자의 젖을 누가 구해올 수 있는지 물었어요.

신하들은 서로 눈치만 살필 뿐 아무도 나서려고 하지 않았어요. 어미 사자의 젖을 구하는 것은 죽기를 각오하지 않으면 할 수 없는 일이기 때문이었지요.

어떤 영리한 사내가 앞으로 나서며 말했어요.

"제가 이 길로 달려가서 어미 사자의 젖을 구해오도록 하겠습니다. 임금님 저를 보내주십시오. 가고 싶습니다."

흐뭇해진 임금님은 그렇게 하도록 허락했어요.

사내는 그 길로 곧장 어미 사자의 굴을 찾아서 수풀이 몹시 우거진 곳으로 조심스럽게 걸어갔어요.

어미 사자가 살고 있는 굴을 들여다보니 그 안에서는 새끼들만 놀고 있었어요. 사내는 어미 사자가 자리를 비운 틈을 타서 굴 안에 있는 어미 사자의 새끼들을 재빨리 멀리 떨어진 다른 곳으로 옮겨두었어요.

얼마 뒤에 나타난 어미 사자는 새끼들이 없어진 것을 알고 너무 슬퍼했어요.

그때 영리한 사내가 나타나서 어미 사자에게 계속 새끼를 한 마리씩 넣어주었어요.

그렇게 해서 열흘이 지나자 사내는 어미 사자와 친하게 되었고, 그 덕분에 임금님의 병에 쓸 수 있는 어미 사자의 젖을 조금씩 짜낼 수 있었어요.

어미 사자의 젖을 충분히 얻어서 왕궁으로 돌아오는 길에 그 사내는 자기 몸의 각 부분이 서로 말다툼을 하는 꿈을 꾸었어요.

몸의 각 부분들은 서로 자신이 가장 중요한 일을 맡고 있다고 자랑하고 있었어요.

발은 자기 아니었으면 어미 사자가 있는 동굴까지 가지 못했을 거라고 말하면서 어깨를 으쓱했어요.

눈은 자기가 아니었으면 동굴을 볼 수가 없어서 그 곳까지 가지도 못했을 거라고 말했어요.

심장은 자기가 아니었다면 너무 무서워서 감히 어미 사자의 곁에 얼씬도 하지 못했을 거라고 말했어요.

그러자 혀가 말했어요.

"만일 내가 말을 할 수 없다면 너희들이 한 일은 아무런 소용이 없을 거야."

그러자 몸 안의 각 부분들이 한꺼번에 들고 일어나서 혀를 윽박질렀어요.

"뼈도 없고 아무 소용도 없는 조그만 것이 아주 건방지구나."

어미 사자의 젖을 구한 사내가 궁전에 도착하자 혀가 말했어요.

"우리들 가운데 누가 제일 중요한지 너희들에게 곧 알려 주마."

사내가 임금님 앞에 엎드려서 어미 사자의 젖을 내놓자 임금님이
물었어요.

"이것이 무슨 젖이냐?"

그러자 사내는 느닷없이 말했어요.

"네, 어미 개의 젖이옵니다."

어미 사자의 젖을 간절히 기대하고 있던 임금님의 얼굴이 붉어지
더니 갑자기 표정이 찌그러지기 시작했어요.

그러자 조금 전까지 혀를 윽박지르던 몸 안의 각 부분들은 혀의 힘
이 얼마나 큰지 깨닫고서 잘못을 빌었어요.

모두로부터 사과를 받아낸 혀가 다시 말했어요.

"아닙니다. 제가 잘못 말했습니다. 이것은 틀림없는 어미 사자의
젖이옵니다."

겸손한 아가야, 너는 어째서 네가 최고라고 생각하니? 그래, 기껏 어미사자의 젖을 구해놓고는 그것을 개의 젖이라고 말했다가는 임금님으로부터 꾸중을 받을 수도 있었기 때문이란다. 무슨 일을 하든지 다른 사람의 능력과 수고를 인정해주는 것은 무엇보다 중요한 일이란다. 자신보다 더 뛰어나고 잘난 친구를 대할 때 시기나 질투보다 인정하고 칭찬을 아끼지 않으면 함께 존경을 받게 된단다. 엄마와 아빠는 우리 아기가 진심으로 남을 인정하는 사람이 되기를 바라고 있단다.

안식이라는 양념

어느 안식일 오후였어요. 로마의 임금님이 랍비의 집을 찾아
왔어요.

임금님은 서로 허물없이 지낼 정도로 이미 친했기 때문에 별다른
연락을 하지 않고 방문했지만 랍비는 무척이나 당황스러웠어요.

유태인들은 안식일이 돌아오게 되면 무슨 일이 있더라도 음식을
만들면 안 되는 것으로 생각하고 있었어요.

랍비는 어쩔 수 없이 하루 전에 미리 준비해놓은 차가운 음식을 차
려놓고서 임금님을 대접해야 했어요.

임금님은 랍비의 가족들과 함께 식탁에 둘러앉아서 맛있게 음식
을 먹었어요.

식사가 모두 끝난 뒤에는 식구들과 함께 어울려서 노래도 부르고, 재미있는 이야기도 나누면서 아주 즐거운 시간을 가졌어요.

임금님은 평화로운 랍비의 가정이 너무 마음에 들었어요.

임금님은 시간이 되어서 궁전으로 돌아가려고 문을 나서면서 랍비에게 말했어요.

"오늘 너무 즐거웠습니다. 다음 수요일에 다시 한 번 방문해도 괜찮을까요?"

"물론입니다. 임금님이 오신다면 그보다 더 큰 영광이 어디에 있겠습니까."

랍비는 진심으로 대답했어요.

어느덧 시간이 흘러서 수요일이 되었어요.

랍비는 안식일에 쉬었던 종들까지 모두 불러내서 온갖 맛있는 음식을 준비하고 귀한 그릇에 음식을 담아서 임금님을 맞이할 준비를 했어요.

얼마 지나지 않아서 임금님이 찾아왔어요.

그러자 랍비는 요리사가 없어서 찬 음식만을 내놓았던 지난번과 달리 이번에는 따뜻하고 아주 맛있는 요리를 줄지어서 식탁에 내어놓았어요.

그런데 어쩐 일인지 식사를 하는 임금님의 표정이 이전과는 달라 보였어요.

랍비가 걱정스러운 표정으로 물었어요.

"임금님, 음식이 입에 맞지 않으십니까? 말씀만 하시면 다시 요리를 만들어서 올리도록 하겠습니다."

"어쩐 일인지 음식이 지난번과 맛도 다르고, 식탁에서 음식 먹는 재미도 없는 것 같습니다. 어째서 그런 겁니까?"

임금님의 물음을 듣고서 랍비는 마음을 놓았어요. 임금님이 궁금해 하는 까닭을 이미 알고 있었기 때문이었지요.

랍비가 환한 웃음을 지으면서 대답했어요.

"그것은 음식에 들어간 양념이 다르기 때문입니다."

"어째서 이번에는 양념을 달리 한 것입니까?"

랍비가 대답했어요.

"오늘은 임금님을 즐겁게 할 수 있는 양념을 구하지 못했기 때문입니다."

로마의 임금님이 어깨를 으쓱하면서 말했어요.

"말만 하세요. 이 나라의 주인이라고 할 수 있는 임금이 구하지 못할 양념이 도대체 어디에 있다는 말입니까?"

그러자 랍비는 여전히 환한 표정으로 말했어요.

"그것은 임금님이 아무리 노력하셔도 쉽게 구할 수 있는 양념이 아닙니다. 바로 안식이라고 하는 양념이지요. 안식이라는 마음의 평안은 임금께서도 아무 때나 구하실 수 없는 것입니다."

임금님은 랍비의 말을 듣고 고개를 끄덕였어요.

아가의 지혜와 감성을 키우는
업그레이드 탈무드 태교 동화 01

겸손한 아가야, 이 세상에서 가장 소중한 것이 바로 마음의 평안이란다. 이것은 그 무엇으로도 쉽게 가질 수 없는 것이란다. 로마의 임금님이 랍비의 가정을 처음 찾아와서 먹은 음식은 하루 전에 이미 만들어놓은 차가운 음식이었지만, 그래도 맛있게 먹을 수 있었던 것은 바로 그 가정이 안식일에 누리던 평안 덕분이었단다. 임금님이 다시 찾아와서 귀한 음식을 대접받고도 맛있게 생각하지 않은 것도 안식일의 평안이 없었기 때문이지. 아무리 많은 것을 가지고 있다고 하더라도 평안을 누리지 못하면 소용이 없단다. 엄마와 아빠는 우리 아기가 언제나 평안을 누리면서 기쁘고 행복한 생활을 하기를 바라고 있단다. 그럴 수 있겠지?

용서의 무게

어느 부자가 여행을 하다가 우연히 가난한 노인과 마차를 함께 타게 되었어요.

부자는 한껏 거드름을 피우면서 노인을 무시했어요.

"내가 입고 있는 이 옷은 말이오. 우리나라 시장에서는 절대 살 수 없는 옷감을 가지고 외국에서 불러온 기술자가 정성을 다해서 만든 옷이오. 값으로는 절대 평가할 수 없는 단 한 벌밖에 없는 옷이라오."

부자가 노인의 허름한 옷차림을 가리키며 말했어요.

"그런데 노인의 옷을 보니 정말 형편없기가 이를 데 없습니다. 어찌 그런 차림을 하고서 밖으로 나올 생각을 한 겁니까? 정말이지 용기가 가상하십니다."

노인은 부자의 말에 한 마디도 대꾸하지 않았어요.

그냥 창밖을 내다보면서 먼 산을 구경했지요.

노인이 자신이 하는 말에 별다른 관심을 보이지 않자 부자는 화제를 옷에서 다른 것으로 바꾸었어요.

"글쎄, 내가 남쪽 먼 나라를 구경하러 갔는데 말로는 표현할 수 없을 정도로 큰 동물이 있지 않겠습니까? 너무 커서 다리 네 개만 구경하고 왔습니다. 노인께서는 여행을 하시다가 그런 동물을 본 적이 없을 겁니다. 그렇지요?"

노인은 고개만 끄덕였어요.

그러자 부자는 자신이 여행하면서 보았던 신기한 동물을 줄줄이 설명했어요. 그리고는 꼭 이런 말을 덧붙였지요.

"노인께서는 여행을 하시다가 그런 동물을 본 적이 없을 겁니다. 그렇지요?"

부자와 함께 마차를 타고 여행하던 노인은 역시 이번에도 고개만 끄덕였어요.

부자는 그런 가난한 노인을 불쌍하다는 듯이 바라보며 혀를 찼어요. 그리고는 속으로 생각했답니다.

'어떻게 저 나이를 먹도록 옷도 그렇고, 여행 한 번 제대로 하지 못한 것일까?'

그러는 동안 마차는 목적지에 도착했어요.

마차에서 내려 보니 수많은 사람들이 그곳에 모여 있었어요. 부자는 무엇 때문에 그렇게 많은 사람들이 함께 모여 있는 것인지 궁금해졌어요.

부자가 모인 사람들 가운데 하나를 붙잡고 물었어요.

"도대체 왜 이렇게 많은 사람들이 여기에 모여 있는 겁니까?"

그 사람이 대답했어요.

"예, 우리가 그토록 뵙고 싶어 하던 랍비께서 우리 마을을 방문하시기 때문입니다. 우리는 몇 번이고 부탁을 드렸는데, 이제야 소원이 풀리게 되었습니다. 아마 선생님과 같은 마차를 타고 오셨을 겁니다. 그분을 못 보셨습니까?"

마침 그때 마차에서 랍비가 내려왔어요.

사람들이 랍비를 향해서 몰려갔어요. 순식간에 수많은 사람들에게 둘러싸인 랍비는 환한 표정을 지으면서 일일이 손을 붙잡아주었어요.

사람들은 그런 랍비에게 손뼉을 치고 이름을 부르면서 크게 환영해주었어요.

이름이 높고 지혜로운 랍비와 함께 같은 마차를 타고서 여행을 하면서도 제대로 말 한 번 나누지 못한 부자가 사람들 사이를 헤치고 앞으로 다가갔어요.

부자는 얼굴을 붉히면서 말했어요.

"제가 선생님을 몰라보고서 버릇없이 행동한 것을 용서해주세요."

그러자 랍비는 부자를 바라보면서 조용히 그러면서 또박또박 말했어요.

"안됐지만 나는 당신을 용서할 수 없습니다. 당신이 굳이 용서를 받고 싶다면 세상에 있는 모든 가난한 노인들을 일일이 찾아다니면서 용서를 빌어야 합니다. 그러기 전까지는 당신에게 결코 사과를 받고 싶지 않습니다."

겸손한 아가야, 겉모습만 가지고는 사람의 됨됨이를 제대로 판단할 수 없는 법이란다. 부자가 어리석은 행동을 하게 된 까닭은 무엇일까? 겉모습만 가지고 판단했기 때문이란다. 겉모습만 보고서 판단을 하게 되면 훌륭한 랍비를 터무니없이 흉보고 버릇없이 행동한 부자의 잘못을 똑같이 범할 수 있단다. 그렇게 저지른 잘못은 빌고 용서를 구할 수도 있겠지만, 그렇다고 해서 그 사람이 입은 상처가 순식간에 모두 사라지는 것은 아니란다. 그러니 우리들은 누구를 만나더라도 말과 행동을 조심하려고 노력해야 한다. 겉모습보다는 그 사람의 됨됨이를 먼저 살피는 것이 무엇보다 중요하단다. 엄마와 아빠는 우리 아기가 다른 사람들에게서 좋은 점만 살필 수 있는 겸손하고 지혜로운 눈을 가질 수 있기를 기대하고 있단다.

학자와 사공

아주 유명한 어느 식물학자가 섬으로 식물채집을 떠나게 되었어요.

섬은 뭍에서 그리 멀리 떨어져 있지 않았어요. 그래서 식물학자는 조그만 배를 타고 물을 건너가기로 했어요.

"여보게 사공, 나를 저 섬까지 태워다 줄 수 있겠소?"

식물학자는 작은 배를 모는 뱃사공을 불러서 그렇게 부탁했어요.

뱃사공은 당연히 승낙했어요.

"물론입니다. 그렇게 해드리겠습니다."

착한 뱃사공은 식물학자를 배에 태우고서 섬을 향해서 노를 저었어요.

그런데 식물학자는 무척이나 거만한 사람이었어요. 자기보다 지

식이 적은 사람은 무조건 깔보는 그런 사람이었어요.

"여보게 사공, 자네는 몇 나라의 말을 할 줄 아는가?"

뱃사공이 부지런히 노를 저으면서 대답했어요.

"저는 우리 말 밖에 할 줄 모릅니다."

식물학자는 뱃사공을 비웃으면서 말했어요.

"참으로 한심하군. 나는 무려 열 나라의 국어를 할 줄 아는데. 자네는 어찌 우리 말 하나만 달랑 할 줄 아는가?"

뱃사공은 표정도 변하지 않은 채 별다른 말을 하지 않고서 계속 열심히 노를 저었어요.

배가 어느 정도 가고 난 뒤에 식물학자가 또다시 물었어요.

"여보게 사공, 자네는 몇 권의 책을 읽었나?"

"먹고 사는 게 바쁘다 보니 몇 권 읽지 못했습니다."

식물학자는 혀를 차면서 말했어요.

"겨우 몇 권이라고? 그렇다면 자네는 지금껏 무엇을 하면서 살았나? 정말 한심스러운 일이로군. 나는 수만 권의 책을 읽어서 모르는 것이 없다네."

여전히 뱃사공은 별다른 말을 하지 않고서 계속 노를 저었어요.

그 동안 작은 배는 깊은 바다 한 가운데 와 있었어요.

바로 그때였어요. 어느새 하늘이 컴컴해지더니 갑자기 비가 쏟아지면서 폭풍이 몰아쳤어요. 겁에 질린 식물학자는 배를 붙잡고 아무 말도 못하고 벌벌 떨었어요.

"어, 어…어떻게 좀 해보시오. 이러다 죽고 마는 것 아니오?"

식물학자가 배의 한 쪽을 붙잡고서 움직이다가 그만 배가 뒤집히고 말았어요.

엉겁결에 바다에 빠져버린 식물학자와 뱃사공 모두 잠시 동안 허우적거리기 시작했어요.

식물학자가 소리를 질렀어요.

"여보시오, 사공. 나는 전혀 헤엄을 치지 못하니 도와주시오."

바람이 더욱 세차게 불어오고 파도가 점점 높아지기 시작했어요. 뱃사공이 식물학자에게 다가가려고 애를 써보았지만 높은 파도에 자꾸 쓸려가서 점점 거리가 멀어지기만 했어요.

수영을 하지 못하는 식물학자는 기운이 빠지자 자꾸 물속으로 가라앉았어요.

뱃사공은 어쩔 수 없이 식물학자에게 가지 못하고 방향을 바꾸어서 해변 쪽으로 헤엄을 쳤어요. 파도 때문에 몇 번이고 밀려나다가 겨우 뭍에 도착할 수 있었지요.

하지만 식물학자는 여전히 물에서 빠져나오지 못하고 있었어요.

뱃사공이 뒤를 돌아다보며 말했어요.

"학자님은 모르는 게 하나도 없다고 하시면서도 정작 제일 중요한 생명을 구하는 방법을 모르고 계셨군요. 이를 어찌하면 좋습니까?"

겸손한 아가야, 식물학자가 물에서 빠져나오지 못한 것은 무엇 때문일까? 자기가 지니고 있는 얼마 안 되는 지식은 자랑하면서도 정작 생명을 구할 수 있는 방법은 제대로 알지 못했기 때문이란다. 이 세상에는 알아야 하고 익혀두어야 할 지식이 한둘이 아니란다. 그러니 부지런히 공부하고 노력해서 그 모든 지식을 자신의 것으로 만들어야 하고, 그런 뒤에는 그것을 자랑하기보다 겸손히 남을 돕는 일에 힘써야 한단다. 겸손한 사람은 지혜롭고 교만한 사람은 어리석을 수밖에 없단다. 엄마와 아빠는 우리 아가가 항상 겸손하기를, 그래서 지혜로울 수 있기를 바라고 있단다. 그럴 수 있지?

참나무와 갈대

하루는 작은 도토리 하나가 강물에 떠내려 와서 강기슭에 멈췄어요.

며칠이 지나자 도토리 사이에서 싹이 돋더니 점점 키가 자라갔어요. 처음에는 그리 크지 않던 참나무의 키는 얼마 지나지 않아서 주변에 있는 나무들만큼 자랐어요. 그리고 조금 더 지나자 빼죽이 솟아올랐어요.

참나무는 거기서 그치지 않았어요. 하루 종일 따뜻한 햇살을 받고 물을 한껏 마시면서 계속 자라났어요.

어느덧 참나무는 뿌리가 깊게 박히고 몸은 하늘을 찌를 듯이 높게 솟아올랐어요. 이파리가 무성하고 새와 온갖 진귀한 벌레들이 참나무의 그늘에서 쉬어갈 수 있을 정도가 되었어요.

그러자 참나무는 주변 나무를 돌아보면서 으쓱했어요.

"나는 참 튼튼한 나무야. 이 세상에서 나보다 멋진 나무는 있을 수 없어. 이렇게 키가 크니 세상이 모두 내 앞에 무릎을 꿇고 있는 것 같아서 아주 기분이 좋군."

옆에서 그 모습을 보고 있던 소나무가 가만히 웃었어요. 소나무는 키는 크지 않았지만 몇 백 년 동안 그 자리를 지켜오고 있었어요.

그러던 어느 날이었어요. 굉장히 강한 태풍이 몰아닥쳤어요. 그 때문에 커다란 나무들이 바람을 견디지 못하고서 뿌리채 뽑히고 말았어요.

참나무 역시 꼿꼿이 서서 태풍과 맞섰어요. 하지만 바람이 점점 더 강해지자 결국 견디지 못하고 부러지고 말았어요.

부러진 참나무는 거센 강물에 휩쓸려서 떠내려갔어요.

얼마를 떠내려가다 보니 강기슭에 있는 갈대들이 멀쩡히 서 있는 게 보였어요.

그 갈대들은 물살에 떠내려가는 부러진 참나무를 가엽게 생각하면서 내려다보았어요.

참나무는 그 연약한 갈대들을 올려다보면서 물었어요.

"갈대들아, 너희들은 태풍 속에서도 어떻게 별다른 상처를 입지 않은 채 몸 성하게 살아남을 수 있었지? 분명히 나보다 힘은 약할 텐데 말이다."

갈대 하나가 대답했어요.

"이번 태풍에도 끄떡없이 견딘 것은 우리만이 아니란다. 저기에 있는 소나무를 보렴. 저 소나무는 비록 너보다 터무니없을 만큼 키가 작아도 저렇게 몇 백 년 동안 아무 탈 없이 제자리를 잘 지키고 있단다."

그러자 바로 옆에 있던 갈대가 끼어들었어요.

"그 옆에 있는 은행나무는 어떻고. 아무리 날씨가 변덕스러워도

언제나 저렇게 조용히 서서 숲을 지키고 있잖아."

그러고 보니 아직도 수많은 나무들이 바람을 견디고 살아남아서 빽빽하게 숲을 이루고 있었어요.

나이가 들어 보이는 갈대가 말했어요.

"우리가 어떻게 태풍을 잘 견뎠는지 알고 싶다고 했지? 불쌍한 참나무야. 태풍이 우리를 해치지 못한 것은 우리가 언제나 고개를 숙였기 때문이란다."

참나무가 말했어요.

"고개를 숙인 것과 태풍을 잘 견딘 것이 무슨 관계가 있다는 거야?"

갈대가 계속해서 말했어요.

"너는 태풍이 불어오자 뻣뻣이 고개를 세운 채 버티려고 했기 때문에 부러지고 만 거란다. 하지만 우리는 그때 바람에 맞추어서 고개를 숙였단다. 바람은 자기의 힘만 믿고 언제나 버티거나 뽐내지만 않으면 누구도 헤치는 법이 없단다."

참나무 밑동을 타고 느릿느릿 걸어가던 사슴벌레가 집게를 위아래로 흔들었어요. 갈대들의 이야기가 옳다는 표현이었지요.

겸손한 아가야, 우리는 언제나 자기가 지니고 있는 것에 감사해야 한단다. 그리고 자랑하기보다는 그것을 가지고서 자기보다 못한 사람들을 어떻게 남을 도와줄 수 있을지 늘 생각할 수 있어야 한단다. 참나무는 남들보다 단단하게 높이 자란 것을 자랑했지만 세게 불어오는 바람 앞에서는 견디지 못하고 그만 쓰러지고 말았단다. 참나무는 바람이 자신보다 더 강하다는 것을 알고 미리 고개를 숙여야 했지만, 그러지 못했단다. 세상에는 자신보다 높고, 자신보다 강하고, 자신보다 훌륭한 사람이 얼마든지 있다는 것을 알지 못했기 때문이란다. 엄마와 아빠는 우리 아기가 높아지기보다는 낮아지고, 드러나기보다는 감추고, 그리고 가지려고 하기보다는 나눠주기를 좋아하는 사람이 되기를 바라고 있단다.

●유태인의 육아 교육법3

유태인 엄마들은 어떤 경우라도 매를 드는 법이 없습니다. 그렇다고 해서 유태인 자녀들이 누구보다 말을 잘 듣고 착하다는 것은 아닙니다. 유태인 엄마들이 매를 들지 않는 것은 그것 말고도 다양한 방법을 동원할 수 있기 때문입니다. 아이가 집안을 뛰어다니고 소란하게 굴면 엄마는 먼저 아이를 강하게 끌어안아서 잘못된 행동이라는 것을 일깨워줍니다. 그래도 말을 듣지 않을 때는 아이가 제일 좋아하는 일을 하지 못하게 하는 것으로 벌을 줍니다. 그리고 어쩌다 매를 들어야 할 때는 회초리나 다른 도구가 아니라 직접 손바닥으로 아이를 때립니다.

손은 언제나 사랑을 전달하는 도구이지만 잘못하면 매로 바뀔 수 있다는 것을 가르쳐 주기 위함입니다.

그래도 여전히 말을 듣지 않으면 아이를 한 구석에 격리시켜놓고 한 마디도 하지 않습니다. 부모와 단절된 아이가 스스로 잘못을 찾아낼 수 있는 기회를 주는 것입니다. 그리고 나서는 아이를 두 팔로 안아줍니다. 혼을 낸 것도 사랑하기 때문이라는 것을 일러주기 위함입니다.

Chapter 4

꿈을 꾸는 아가로
자라주렴

용기가 주는 축복

한젊은이가 세상을 더 알고 싶어서 집을 떠나서 여행을 시작했어요.

가족들은 물론이고 길을 떠나면서 만나는 동네 사람들마다 단단히 결심을 하고서 여행에 나서는 젊은이를 친절하게 격려했어요. 젊은이는 어깨가 으쓱해졌어요.

집을 나서서 혼자서 여행하는 것은 생각보다 쉬운 일이 아니었어요. 잠자리와 먹을 것을 구하는 게 결코 쉽지 않았어요.

어느 때는 전혀 모르는 사람의 집으로 초대를 받아서 그곳에서 밤을 지냈어요. 그리고 어느 때는 잘 곳이 없어서 숲에서 밤 짐승 소리를 들으며 잠을 청하기도 했지요. 하지만 여행을 하면 할수록 젊은이는 몸은 고달파도 온 세상이 아름답고 친절하게만 느껴졌어요.

하루는 계곡을 지나다가 외길을 만났어요. 그리 넓지 않은 좁은 길이라서 젊은이는 조심스럽게 앞으로 걸어 나가야 했어요. 한참을 걷던 젊은이 앞에 커다랗고 무섭게 생긴 황소가 버티고 서 있었어요. 계속 길을 가려면 그 황소를 지나가야 했어요. 하지만 고약하게 생긴 황소의 뿔이 너무 무서웠어요.

사내는 겁이 나서 앞으로 나가지 못하고, 그렇다고 뒤로 돌아가기에는 지금까지 걸어온 게 아까워서 오랫동안 그 자리에 서 있었어요. 황소가 길을 비켜주면 지나갈 생각이었어요. 하지만 황소는 이따금씩 콧바람만 크게 내뿜을 뿐 조금도 움직이려고 하지 않았어요.

그렇게 시간은 계속 흘러갔어요.

하루가 지나고, 다음 날이 되었지만 황소는 어쩌다 꼬리를 흔들어서 파리를 내쫓을 뿐 그 자리에서 까딱도 하지 않았어요. 그렇게 또 하루가 지나갔어요.

며칠 동안 아무 것도 먹지 못한 채 황소가 비켜주기를 바라고 있던 젊은이는 어찌해야 할지 막막하기만 했어요. 젊은이는 이런 궁리 저런 궁리, 온갖 생각을 다해 보았지만 해답을 찾아내기가 여간 쉽지 않았어요.

그때 갑자기 하늘에서 소리가 들려왔어요.

"앞으로 나가려거든 무슨 일이든지 네가 해야 할 일을 하여라."

귀를 의심하고 있는 젊은이에게 또 다시 소리가 들렸어요.

"길을 계속 가려면 네가 무슨 일이든지 해야 한다."

사내는 자신이 할 수 있는 일이 무엇인지 곰곰이 생각해보았어요.

그 일은 바로 황소를 길에서 몰아내는 것이었어요. 하지만 사내는 그

럴만한 자신이 없었어요. 황소를 어찌 하다가는 온전할 수 없을 것 같

았지요. 그렇게 해서 황소를 바라보면서 또 하루를 보냈어요.

해가 다시 뜨자 젊은이는 굳은 결심을 하고서 황소에게로 다가갔

어요. 황소는 큰 눈을 부릅뜨고, 콧바람을 날리면서 사내를 사납게 노려보았어요. 가까이 다가서니 더욱 무서운 마음이 들었어요.

젊은이는 떨리는 마음을 겨우 진정시키고 황소에게 한 걸음 한 걸음 조심스럽게 다가가서 두 개의 뿔을 손으로 잡았어요. 이제는 황소가 들이받더라도 어쩔 수 없는 일이라고 사내는 생각했어요. 그 자리에서 굶어죽는 것보다는 더 나을 것 같았어요.

그리고서는 황소에게 말했어요.

"좋다! 내 앞의 길에서 비켜서든지 아니면 나랑 싸움을 하든지 네가 선택하여라. 어느 쪽을 선택하겠느냐?"

그러자 황소가 풀썩 주저앉으면서 말했어요.

"여기까지 오는데 어째서 그렇게 시간이 오래 걸린 겁니까? 나는 당신을 태워주려고 지금까지 기다렸습니다. 어서 내 등에 올라타서 어디로 가실지 말씀해주세요. 그렇게 하도록 하겠습니다."

잔뜩 긴장해 있던 젊은이는 그제야 하늘에서 들린 소리가 무슨 뜻이었는지 알게 되었어요.

꿈을 꾸는 아가야, 끊임없이 앞으로 나가고 또 나가는 사람만이 꿈을 이룰 수 있는 주인공이 될 수 있단다. 꿈을 이루기 위해서 앞으로 나가다 보면 반드시 넘어서야 할 여러 가지 어려움들을 만나게 된단다. 그것은 정말 힘들고 어려운 일이지만 하나 하나 이겨내다 보면 조금씩 성장하고 성숙하게 된단다. 황소를 만났던 젊은이처럼 오도 가도 못하게 되었을 때, 무서워서 걸음을 떼기가 어려울 때, 그리고 정말 뒤돌아 가고 싶어질 때 물러서지 않고서 용기 있게 맞서게 되면 바라는 것을 얻을 수 있게 된단다. 엄마와 아빠는 우리 아기가 늘 용기 있게 살아가기를 바라고 있단다. 그럴 수 있지?

벌거벗은 임금님

언제나 성실하게 일하는 종이 있었어요.

종은 남의 밑에서 어쩔 수 없이 일을 해야 하는 처지였지만 꾀를 부리는 법이 없었어요. 주인이 시키는 일은 두 말 없이 따랐고, 일을 마치지 못하면 잠자리에 들지 않고 끝까지 마무리를 해야 직성이 풀렸어요.

종 덕분에 주인은 점점 더 재산이 불어났고, 그리 오래 지나지 않아서 부자가 될 수 있었어요.

부자는 종에게 감사한 마음을 갖게 되었지요.

그러던 어느 날 주인이 종을 불렀어요.

"네 덕분에 집안 살림이 아주 넉넉해졌다. 그러니 이제는 어디든지 네가 가고 싶은 곳으로 떠나서 행복하게 잘 살아라."

마음씨 착한 주인은 종에게 많은 재산을 나누어주고 진심으로 축복해주었어요.

종은 고향으로 돌아가기 위해서 항구를 찾아갔어요.

귀한 물건들을 가득 실은 배를 타고 가는 종의 마음은 벌써 고향의 가족들에게 가 있었어요. 항구를 빠져나와서 넓은 바다로 나간 배는 그만 심한 폭풍우를 만나는 바람에 가라앉고 말았어요.

배에 가득 실은 물건들을 모두 잃은 종은 몸뚱이 하나만 살아남아서 가까스로 가까운 섬을 향해 헤엄쳐서 겨우 도착했어요. 하지만 주인집을 떠날 때 받았던 모든 것들을 한꺼번에 잃어버린 종은 몹시 슬펐답니다.

종은 먹을 것을 구하기 위해서 섬 안을 얼마 동안 헤매다가 큰 마을을 만나게 되었어요.

종은 옷을 하나도 걸치지 않은 벌거벗은 몸이었어요. 하지만 마을에 도착하자 마을 사람들이 모두 환호성을 올리며 그를 맞이했어요.

"임금님 만세."

"임금님 만세."

"임금님 만세."

마을 사람들은 종을 왕으로 떠받들었어요.

이제 종은 아름다운 궁전에서 살게 되었지만 마치 꿈을 꾸는 것처럼 믿어지지 않았어요.

종이 아래 사람을 불러서 물었어요.

"도대체 어찌 된 일인지 말해 주시오. 나는 여기에 돈 한 푼 없는 알몸으로 도착했는데 어째서 나를 왕으로 삼고 싶어 한 겁니까?"

그러자 그 사람이 대답했어요.

"우리들은 섬 밖에서 누군가 찾아오기만 하면 임금님이 되어주기를 바랍니다. 그렇지만 조심하세요. 지금부터 일 년이 지나게 되면 임금님은 이 섬에서 쫓겨나서 아무 것도 살지 않고 먹을 것도 없는 섬에 혼자 내버려지게 될 것입니다."

임금님은 그 사람에게 고맙다고 인사했어요.

"참으로 고맙습니다. 그렇다면 지금부터 일 년 뒤를 대비해서 여러 가지 일들을 열심히 준비해야겠군요."

그렇게 해서 임금이 된 종은 시간이 날 때마다 아무 것도 살지 않는 섬을 찾아갔어요. 종은 그곳에 꽃도 심고 과일나무도 심으면서 일 년 뒤의 일을 차근차근 준비하기 시작했어요.

종이 섬에 도착한 지 어느새 일 년이 지났어요.

아래 사람이 말한 것처럼 일 년이 지나자 임금님이 되었던 종은 그 행복한 섬에서 쫓겨나고 말았어요. 일 년 동안 누구보다 부족한 것 없이 살았지만 처음에 섬에 도착했을 때처럼 똑같이 알몸뚱이의 신세가 되어 아무 것도 살지 않는 섬으로 쫓겨 가야 했지요.

섬에 도착하여 보니 온갖 꽃이 피어 있고 과일이 주렁주렁 열린 살기 좋은 땅이 되어 있었어요. 그리고 일찍이 그 섬으로 쫓겨 온 사람들도 종을 반갑게 맞아 주었어요.

그렇게 해서 종은 그 사람들과 함께 아주 행복하게 살 수가 있었어요.

꿈을 꾸는 아가야, 세상을 살아가다보면 좋은 일도 있고 나쁜 일도 있는 법이란다. 좋을 때야 부족한 것이 하나도 없는 것 같고, 언제까지 즐거운 일이 계속될 것처럼 생각된단다. 하지만 어려운 일이 닥치게 되면 언제 즐거웠는지 기억도 나지 않고 마냥 힘들게만 느껴진단다. 그러니 부족한 것 없이 즐거울 때는 앞으로 닥칠지 모를 어려운 때를 준비하는 게 무엇보다 중요하단다. 임금님이 되었던 좋은 지혜롭게 일 년 뒤를 준비했기 때문에 아무것도 살지 않는 섬으로 쫓겨난 뒤에도 별다른 어려움 없이 살아갈 수 있었단다. 엄마와 아빠도 우리 아기가 언제나 앞날을 준비하는 지혜로운 사람이 되기를 기대하고 있단다.

희망

랍비 아키바가 먼 나라를 향해서 여행을 하고 있었어요. 아키바는 작은 램프를 하나 가지고 있었고, 나귀와 개가 함께 길동무가 되어 주었지요.

어두운 밤이 되면 램프는 큰 도움이 되었어요. 미리 정해진 곳까지 찾아가지 못하고 해가 지면 램프를 켜서 길을 찾아갈 수 있었어요. 잠자리에 들었지만 잠이 오지 않을 때는 램프를 켜고 늦게까지 책을 읽을 수 있었지요.

도움이 되기는 나귀도 마찬가지였어요. 나귀의 등에는 짐을 실을 수도 있었고, 걷다가 힘이 들면 등에 타고서 편하게 갈 수도 있었어요. 나귀는 그리 크지 않아도 아키바에게 큰 힘이 되어주었어요.

개는 깊은 숲을 지날 때 사나운 짐승을 막아주었어요. 밤이 되면 옆을 지켜주었기 때문에 아키바는 걱정 없이 잠을 잘 수 있었어요. 여행을 하다 심심할 때는 말동무까지 되어주는 개는 무척 소중한 존재였어요.

여행을 계속하던 아키바는 날이 저물고 어두워지자 묵어갈 곳을 찾아보았어요. 하지만 마땅한 곳이 없었어요.

"잘 곳이 없으니 이 숲에서라도 잠을 자고 아침 일찍 일어나서 떠나야겠구나."

아직 잠을 자기에는 이른 시간이라서 아키바는 램프에 불을 붙여놓고 책을 읽기 시작했어요. 그런데 얼마 뒤에 바람이 불어서 등불이 꺼지고 말았어요.

"등불이 꺼졌으니 일찌감치 잠이나 자야겠구나."

랍비 아키바는 어쩔 수 없이 눈을 감고 잠을 청했어요.

그날 밤 아키바가 잠든 사이에 여우 한 마리가 나타났어요.

소리를 죽이고 조심조심 다가온 여우가 역시 곤하게 자고 있던 개를 물고 갔어요.

개는 아키바를 따라서 멀리까지 여행을 함께 했기 때문에 여우가 다가오는지도 모르고 잠을 자다가 소리 한번 지르지 못하고 물려가고 말았어요.

그리고 얼마 뒤에는 사자 한 마리가 나타났어요. 사자는 어슬렁어

슬렁 아키바 주변을 돌아다니다가 나귀에게 천천히 몸을 낮추고 다가왔어요.

나귀는 사자가 다가오는 것을 보고서 소리를 냈지만 깊은 잠에 빠진 아키바는 알아차리지 못했어요. 결국 사자는 나귀를 물어죽이고 말았어요.

아침이 되었어요. 주변을 둘러본 아키바는 개와 나귀가 사라진 것을 알게 되었어요.

아키바는 어쩔 수 없이 램프 하나만 달랑 가지고서 혼자 길을 떠났어요.

얼마를 가다보니 마을이 나타났어요. 하지만 사람이라고는 그림자도 찾아볼 수 없었지요.

이곳저곳을 돌아보는데 한 사람이 나타났어요.

"여기에는 어쩐 일로 오셨죠?"

잔뜩 겁을 집어 먹은 사람이 물었어요.

랍비 아키바는 그 사람에게 자신을 소개했어요. 그리고는 동네에서 사람들을 만날 수 없는 이유를 물었어요.

"어젯밤 늦게 강도들이 떼를 이루어서 이곳에 들이 닥쳤습니다. 그리고는 물건을 뺏으려고 사람들을 모두 죽이고 집을 파괴했지요. 나만 이렇게 겨우 목숨을 건질 수 있었습니다."

아키바는 강도들이 어느 길로 왔는지 물었어요.

"그야 물론 숲 속에 있는 길로 왔겠지요. 사람들도 잘 다니지 않으니 여럿이 어울려 다니더라도 쉽게 발각되지 않을 테고요."

아키바는 깜짝 놀랐어요. 떼강도들이 마을 사람들을 헤치고 지나갔던 그 길가에서 잠을 잤기 때문이었어요.

"만일 램프가 바람에 꺼지지 않았더라면 지나가던 강도들에게 들켰을 거야. 그리고 내 옆에서 자고 있던 개가 여우에게 물려가지 않았더라면 개가 짖어대는 바람에 강도들이 몰려 왔을 거고, 나귀도 역시 소란을 피웠겠지."

결국 아키바는 가지고 있던 모든 것을 잃어버린 덕분에 살아남을 수 있었지요.

꿈을 꾸는 아가야, 아케바의 이야기를 듣고서 어떤 생각을 하게 되었니? 등불이 꺼졌을 때 아케바의 기분이 어땠을까? 책을 못 보게 되었으니 기분이 상했겠지. 그리고 개와 나귀를 잃었을 때는 어땠을까? 함께 여행을 하던 개와 나귀가 짐승들에게 물려가고 죽었다는 것을 알게 되었을 때 어떻게 앞으로 여행을 해야 할지 막막했을 거야. 하지만 나중에 알게 된 것처럼 이 모든 일이 언제나 나쁜 것은 아니었단다. 등불이 꺼지고, 개와 나귀를 잃었기 때문에 아케바는 목숨을 구할 수 있었단다. 살다 보면 무척 어려운 일을 만날 수 있지만, 그때에도 희망을 잃어서는 안 된단다. 어려움이 가져다주는 축복도 있기 때문이지. 엄마와 아빠는 우리 아기가 언제나 희망을 잃지 않기를 바라고 있단다.

지도자의 모습

어느 마을에 갑자기 커다란 화재가 일어났어요. 나무로 만들어진 집들은 바짝 말라 있어서 너무 쉽게 불이 번지고 말았어요.

마을 사람들은 저마다 물그릇들을 가지고서 우물을 향해서 달려갔지요. 사람들이 길게 늘어서서 있는 힘을 다해서 물을 날랐지만 불길은 강한 바람을 타고서 더욱 크게 번졌어요.

불길이 점점 거세지자 사람들은 더 빨리 움직이기 시작했어요. 물을 더 많이 퍼 나르기 위해서 큰 양동이를 가져왔어요. 그리고는 물을 뿌렸지만 불은 잦아들지 않았어요.

결국 사람들 가운데 몇이 뒷산 중턱에 굴을 파고 홀로 사는 랍비에게로 달려갔어요. 랍비 역시 마을에 일어난 불을 걱정스럽게 내려다 보고 있었어요.

노인 한 명이 랍비를 붙잡고서 급히 사정 이야기를 했어요.

"저희들은 바람 때문에 불을 끌 수 없습니다. 이대로 가다가는 마을이 완전히 잿더미가 되겠습니다. 이제 얼마 있지 않아서 추운 겨울이 닥칠 텐데 저희들은 어찌 살아야 하겠습니까? 하나님께 기도해서 비를 내려주세요. 부탁입니다."

랍비는 노인의 말을 듣고서 고개를 저었어요.

"그것은 저도 어찌 할 수 없는 일입니다. 이미 마을 전체가 불타고 있습니다. 지금 비가 내린다고 해서 여러분의 마을을 구하기에는 너무 늦었습니다."

사람들은 그렇게 말하는 랍비를 이해할 수 없었어요. 자신들이 겪는 어려움을 외면하는 것처럼 보이는 랍비에게 화가 치밀어 올랐어요.

"그래도 비가 내리도록 기도는 해 주실 수 있는 것 아닙니까?"

랍비는 여전히 고개를 저었어요.

"이미 늦었습니다."

그리고는 속상해 하는 마을 사람들의 마음을 아는지 모르는지 계속해서 말했어요.

"이제 마을로 돌아가세요. 그리고 그릇을 있는 대로 모으세요."

한 사람이 참지 못하고 소리를 높여 말했어요.

"불 때문에 가지고 있는 모든 것을 잃어버린 우리들에게 그릇이나 모으라니 도대체 말이나 되는 겁니까? 끼니도 잇지 못할 판국에 그릇들을 모아가지고서 도대체 어떻게 하라는 것입니까? 랍비님은 우리들의 사정은 전혀 생각하지 않는 것 같습니다."

랍비는 젊은이의 고함은 개의치 않고서 계속해서 이야기했어요.

"그릇을 모은 뒤에는 모두 타 버린 집을 돌아다니면서 숯을 골라내도록 하세요."

숯 이야기를 꺼내자 마을 사람들은 귀를 세우고서 랍비의 말을 듣기 시작했어요.

"그렇게 집집마다 돌아다니면서 숯을 모두 모으면 그것을 이웃 마을에 내다 파십시오. 이제 겨울이 닥칠 터이니 숯을 필요로 하는 사람들이 적지 않을 겁니다."

사람들은 그제야 랍비의 속뜻을 알아차렸어요. 그리고는 마을로 돌아갔어요.

마을 사람들은 모두 타버린 집 앞에서 눈물을 흘리고 있었어요.

랍비를 만나고 온 노인이 말했어요.

"여러분, 불에서 건진 그릇들을 모두 가지고 모이세요."

사람들이 물었어요.

"그릇을 어디에다 쓰시려고요? 그릇이 무엇 때문에 필요합니까?"

노인이 말했어요.

"지금부터 숯을 골라내서 시장에 내다 팔 겁니다. 그릇을 가져다
가 숯을 골라내세요. 서두르세요."

이미 숯 더미가 되어 버린 마을에서 숯을 골라내기란 어려운 일이
아니었어요.

마을 사람들은 그렇게 모아진 숯을 수레에 옮겨 실고서 이웃 마을
들을 돌아다니면서 팔기 시작했어요. 겨울이 다가오고 있었기 때문에

숯은 불티나게 팔려나갔어요.

불 때문에 집을 잃어야 했던 사람들은 얼마 지나지 않아서 마을을
다시 세우고도 남을 만큼의 많은 돈을 모을 수 있었어요.

꿈을 꾸는 아가야, 누가 진짜 지도자인지는 어려움이 닥칠 때 드러나기 마련
이란다. 마을 전체가 불에 타고 있을 때 뒷산에 굴을 파고 지내던 랍비도 그곳으로 달
려가서 같이 불을 끄고 싶은 심정이었을 거다. 사람들이 찾아와서 비가 내릴 수 있게
기도해달라고 했을 때도 역시 누구보다 먼저 그러고 싶은 마음이었을 거다. 하지만 랍
비는 눈앞에 닥친 문제가 아니라 그 다음까지 생각하고 있었단다. 마을이 불타고 나
면 어떻게 다시 세울 수 있을지 걱정하고서 해답을 생각했단다. 문제가 생기면 그
안으로 뛰어드는 사람이 있지만, 큰 도움이 되지 않을 때가 많단다. 지도자라면 지금
당장보다 앞날을 내다볼 수 있는 지혜가 필요한 거란다.

마음먹기 나름

어느 사내가 랍비를 찾아왔어요.

사내는 랍비에게 자신이 살고 있는 집이 얼마나 좁은지 불평을 늘어놓았어요. 너무 낡고 비좁아서 집안에만 들어가면 숨이 막힐 지경이라는 것이었어요.

한참 사내의 말을 듣고 있던 랍비가 말했어요.

"시장에 가서 닭을 사서 벽난로 가까이에 놓아두세요."

사내는 랍비의 말처럼 그 길로 곧장 시장에 가서 닭 한 마리를 사다가 난로 옆에 두었어요.

"선생님이 시킨 대로 했으니 이제부터는 잘 살 수 있을 거야."

그로부터 며칠이 지나고 난 뒤에 사내가 다시 랍비를 찾아왔어요.

"선생님이 가르쳐 준 대로 닭을 난로 옆에 두었습니다. 그런데 효과가 하나도 없습니다. 더 잘살게 되기는커녕 집안에 온통 닭털이 날리고 냄새 때문에 살 수가 없습니다."

그러자 랍비가 말했어요.

"그렇다면 이번에는 염소를 한 마리 사다가 닭 옆에서 키우도록 하세요."

사내는 랍비의 말대로 돌아가서 염소를 구하러 옆집을 찾아 가서 말했어요.

"선생님이 염소를 키우면 집이 잘 된다고 하니 자네가 키우고 있는 염소 한 마리만 나에게 팔도록 하게."

염소를 키우는 이웃집 사람이 말했어요.

"자네는 마당도 없는데 도대체 어디서 키우려고 염소를 달라고 그러는 건가?"

사내가 웃으며 대답했어요.

"다 방법이 있으니 걱정하지 마시오."

사내는 염소를 집안으로 끌고 와서 닭 옆에서 키우기 시작했어요.

그런데 이번에는 염소가 이리저리 뛰어다니고, 그 때문에 놀란 닭이 날개 짓을 하면서 깃털을 날리는 바람에 사내는 정신을 차릴 수 없었어요.

그는 다시 랍비를 찾아갔지요.

"닭과 염소를 함께 길러보았지만 소란스러워서 정신을 차릴 수 없습니다. 다른 방법을 일러주십시오. 시키는 대로 하겠습니다."

랍비가 말했어요.

"이번에는 암소를 한 마리 집안에 들여놓으세요."

사내는 랍비가 말한 것처럼 이번에는 암소를 사다가 집안에 풀어놓았어요. 닭과 염소가 이리저리 돌아다니는 집안에 암소까지 들여놓자 발 딛을 틈도 없었어요.

집안에 들여놓은 암소는 두고 온 송아지가 걱정스러운지 연신 울어댔어요. 그러자 염소도 함께 이리저리 집안을 돌아다니면서 함께 울었고, 그 소리에 놀란 닭은 종종 걸음을 하면서 정신없이 닭털을 날렸어요.

울상이 된 사내가 더 이상 참지 못하고서 랍비를 찾아갔어요.

"이제는 도저히 참을 수 없습니다. 선생님이 시킨 대로 모두 하지 않았습니까? 닭을 들여놓으라고 해서 그대로 했고요. 염소를 들여놓으라고 해서 그대로 했습니다. 그리고 암소까지 들여놓으라고 해서 이번에도 어김없이 그대로 했는데 이제는 어떻게 해야 하는 겁니까?"

랍비가 대답했어요.

"그렇다면 이제는 집으로 돌아가서 가축들을 모두 집밖으로 끌어내도록 하세요. 내가 시키는 대로 하게 되면 반드시 효과가 있을 겁니다."

　사내는 급히 집으로 돌아와서 닭과 염소, 그리고 암소를 집밖으로 끌어냈어요. 그리고는 정신없이 어질러진 집안을 말끔히 치웠어요.

　저녁이 되자 사내는 집안을 둘러보았어요. 그제야 전에는 그렇게 좁기만 하던 집안이 그렇게 넓어 보일 수 없었어요.

꿈을 꾸는 아가야, 세상은 보이는 게 전부가 아니란다. 마음먹기에 따라서는 아무리 임금님처럼 멋진 궁전에 살더라도 비좁은 집에서 살아가야하는 사람과 다르지 않을 수 있고, 아무리 좁은 집에 살고 있더라도 임금님을 부러워하지 않으면서 살아갈 수 있단다. 랍비를 찾아온 사람이 살고 있는 집은 닭과 염소와 암소를 들여놓기 이전이나 이후에도 하나도 달라진 게 없단다. 하지만 닭과 염소와 암소를 밖으로 이끌어낸 것 밖에 없는데 집주인은 아주 행복한 마음을 갖게 되었단다. 이처럼 우리는 언제나 지금 누리고 있는 것에 만족하고 감사할 수 있어야 한다. 남들과 비교하지 않고 감사하면 행복하고 기쁘게 살아갈 수 있단다. 엄마와 아빠는 우리 아기가 감사하며 기쁨을 누리는 사람이 되기를 기대하고 있단다.

임금님의 자격

마음씨 좋은 임금님이 나이가 들어서 병에 걸리고 말았어요.

하지만 임금님에게는 왕자가 없었어요. 임금님은 죽기 전에 자신의 뒤를 이을 수 있는 사람을 뽑고 싶었어요. 하지만 누구를 뽑아서 임금의 자리를 물려주어야 할지 자신이 없었어요.

하루는 임금님이 사람들이 많이 지나다니는 곳에 이런 글을 붙이게 했어요.

'임금이 되고 싶은 젊은이들은 누구든지 나를 찾아와서 만날 것.'

임금님은 자신의 자리를 물려받을 수 있는 사람은 무엇보다 하나님과 백성들을 사랑해야 한다고 생각했어요.

어떤 마을에 사는 젊은이는 하나님과 사람들을 진정으로 사랑했어요. 그래서 임금님이 붙인 글을 읽고서 자신이 임금이 될 수 있다고 생각했어요. 마을 사람들도 젊은이를 인정하고 격려할 정도였지요.

젊은이는 임금님을 만나고 싶었지만 너무 가난해서 궁궐까지 가는 동안에 입을 옷과 신발, 그리고 돈이 없었어요. 그 소식을 들은 마을 사람들은 너도나도 돈을 모아서 젊은이에게 멋진 옷과 신발, 그리고 여행에 필요한 돈을 두둑이 건네주었어요.

떠나려고 할 때 어머니가 말했어요.

"네가 하나님과 사람들을 진심으로 사랑하고 있다는 것은 동네 사람들도, 나도 잘 알고 있단다. 하지만 길을 가다가 누구를 만나든지 그런 마음이 전해질 수 있도록 예의바르고 정성을 다해서 대해야 한다."

젊은이는 어머니의 말을 가슴 속 깊이 새겨두었어요.

마침내 젊은이가 궁전에 도착했어요. 막 궁전의 문에 들어가려고 할 때 불쌍한 거지가 젊은이에게 다가왔어요.

젊은이가 물었어요.

"할아버지, 제가 도와드릴 게 없을까요?"

거지가 대답했어요.

"젊은이, 나를 좀 도와주시오. 날씨가 이렇게 추운데 입을 옷도 신발도 없다오. 여유가 있다면 내게 좀 나눠주시오."

젊은이 역시 자신이 입고 있는 게 전부였지만 어머니가 했던 말을

기억하면서 친절하게 대답했어요.

"할아버지, 저에게는 지금 입은 옷과 신발 밖에 없는데 원하시면 바꿔 입도록 하세요."

노인은 몇 번이고 고개를 숙여서 고마움을 표시했어요.

"나야 고맙고 좋은 일이지만, 젊은이는 괜찮겠소?"

"문제없습니다."

거지와 젊은이는 그 자리에서 옷을 서로 갈아입었어요. 젊은이는 은근히 걱정이 되었어요. 그런 차림으로 궁전에 들어가려고 하면 문지기가 쫓아버릴 게 분명했어요. 하지만 가난한 노인에게 옷을 벗어준 것을 후회하지 않았어요.

젊은이가 궁전 문으로 다가가자 문지기가 어째서 왔는지 물었어요. 임금님을 만나러 왔다고 하자 문지기가 젊은이를 안내했어요. 궁전은 정말 아름다웠어요. 이곳저곳에 아름다운 꽃이 한 가득 피어 있었고, 건물마다 황금과 보석으로 장식되어 있었어요.

문지기는 어느 잘 꾸며진 방으로 젊은이를 안내하면서 말했어요.

"여기서 잠시 기다리시면 귀하신 분이 찾아오실 겁니다."

초라한 옷차림을 하고 있는 젊은이는 전혀 영문도 모른 채 조용히 앉아 있었어요.

얼마 뒤에 임금님이 그 방으로 들어왔어요. 임금님을 보자 젊은이는 거지와 다를 바 없이 너무 초라한 차림을 하고 있어서 고개도 제대로 들지 못했어요.

그런데 임금님이 젊은이에게로 다가와서 어깨를 가만히 만지면서 말했어요.

"고개를 들어서 나를 보아라."

그 말에 젊은이가 고개를 들고서 임금님의 얼굴을 바라보다가 깜짝 놀라고 말았어요. 임금님은 궁전에 들어오기 전에 만났던 불쌍한 거지의 얼굴과 똑 같았어요.

"오늘까지 임금이 되겠다고 나를 찾아온 젊은이들 가운데 거지에 게 옷을 벗어준 사람은 너밖에 없었다. 내 뒤를 이어서 이 나라를 다 스리도록 하여라."

그제야 젊은이는 임금님이 궁전을 찾아온 젊은이들을 하나하나 시험을 했다는 것을 알게 되었어요. 거지의 차림을 하고서 임금이 되 기를 자청하는 젊은이들이 백성들을 얼마나 사랑하고 있는지 시험을 한 것이었어요.

꿈을 꾸는 아가야, 무엇을 하든지 가장 중요하고 반드시 필요한 게 바로 사랑

이란다. 다른 사람들을 사랑하고 섬기려는 마음만 있으면 무슨 일이든지 못할 게 없고,

그 무엇도 앞을 가로 막을 수 없단다. 사랑은 이세상의 모든 문제를 해결할 수 있는 열쇠

란다. 임금님은 그것을 이미 알고 있었기 때문에 임금이 되고 싶어 하는 젊은이들이 찾아

올 때마다 시험한 것이란다. 자기와 달리 어려운 이웃을 얼마나 사랑하고 있는지 확

인하려고 불쌍한 거지의 모습을 하고서 나타난 것이란다. 엄마와 아빠는 우리 아기가

모두에게 사랑을 나누어주는 사람이 되기를 바라고 있단다. 그럴 수 있겠지?

세상에서 가장 중요한 것은

하루는 랍비가 제자들을 모아놓고서 물었어요.

"이 세상에서 가장 귀한 것을 지니고 있는 사람이 누구라고 생각하느냐?"

눈치 빠른 제자가 대답했어요.

"늘 저희들에게 지혜의 말씀을 들려주시는 선생님이 아니십니까?"

"지혜가 중요하기는 하지만 그것보다 더 중요한 것이 있단다. 다시 생각해 보거라."

제자들은 랍비가 바라는 대답을 할 수 없었어요.

그러자 랍비는 제자들과 함께 시장으로 나갔어요. 시장에는 물건을 사러온 사람들과 물건을 파는 사람들이 함께 어울려서 북적대는 바람에 정신이 하나도 없었어요.

랍비가 제자들을 둘러보면서 말했어요.

"이 시장에 세상에서 가장 귀한 것을 지니고 있는 사람이 있다. 잘 찾아 보거라."

제자들은 이곳저곳 시장을 모두 둘러보았지만 세상에서 가장 귀한 것을 지니고 있는 사람을 쉽게 찾아낼 수는 없었어요.

"아니, 이런 시장에 세상에서 가장 귀한 것을 가지고 있는 사람이 있기나 하겠어? 왕궁으로 가서 찾는 게 훨씬 더 빠를 텐데."

그러자 또 다른 사람이 말했어요.

"내 말이 바로 그 말이야. 이렇게 정신없이 사람들이 오가는 마당에 어디에서 그런 사람을 찾을 수 있겠나? 그래도 선생님이 말씀했으니 다시 한 번 잘 찾아보도록 하세."

제자 가운데 한 사람이 랍비에게 다가와서 말했어요.

"혹시 시장에서 보석을 팔고 있는 상인은 아닐까요? 이 세상에 보석보다 귀한 것이 어디 또 있습니까?"

랍비는 고개를 가로 저었어요. 그것보다 더 중요한 것이 있으니 시장을 다시 한 번 둘러보라고 말했어요. 제자들이 또 다시 시장을 살펴보고 와서 물었어요.

"약을 파는 사람은 아닙니까? 사람들의 병을 치료할 수 있는 약을 만들고 판매하니 선생님이 말씀한 사람과 가장 가까운 것 같습니다."

랍비는 여전히 고개를 저었어요.

이번에는 제자들이 책 파는 사람을 가리키면서 물었어요.

"그렇다면 저 사람들이 세상에서 가장 귀한 것을 지니고 있는 사람들이 아닙니까? 책을 많이 읽으면 지식이 쌓여서 잘 살 수 있으니 말입니다."

"책을 파는 사람들도 아니다. 다시 찾아 보거라."

제자들은 세상에서 가장 귀한 것을 가지고 있는 사람들을 만나기 위해서 시장 곳곳을 부지런히 헤매고 돌아다녔어요. 하지만 어디에서도 그런 사람들을 찾을 수 없었지요.

제자들이 힘들어서 포기하려는 순간에 랍비가 허름한 옷차림을 하고 지나가는 사람들을 가리키면서 말했어요.

"저들이 바로 세상에서 가장 귀한 것을 지니고 있는 사람들이다."

랍비의 말을 듣고서 제자들이 그 사람들을 급히 따라갔어요.

"두 분은 시장에서 어떤 물건을 팔고 계십니까?"

한 사람이 대답했어요.

"우리는 시장에서 물건을 파는 상인들이 아닙니다."

"물건을 팔지 않는다면 시장에서 도대체 무슨 일을 하십니까?"

제자들이 두 사람에게 다시 물었어요.

두 사람은 웃으면서 말했어요.

"우리는 시장에서 사람들을 모아놓고서 웃음을 선물하는 광대입니다. 슬퍼하고 쓸쓸해 하는 사람들에게는 웃음을 주고, 싸우는 사람들에게는 서로 다투지 않도록 평화를 안겨주고 있습니다."

그제야 제자들은 고개를 끄덕였어요. 사람들에게 웃음을 주는 것보다 세상에서 소중한 것이 없다는 것을 깨달은 것이었어요.

꿈을 꾸는 아가야, 웃음보다 좋은한 것은 이 세상에 없단다. 옛말에도 잘 되는 집안에서는 아이의 글 읽는 소리, 어머니의 다듬이질 소리, 그리고 웃음소리가 끊이지 않는다고 했단다. 웃음은 행복한 마음을 가장 잘 표현하기 때문이지. 그것을 잘 알고 있던 랍비는 제자들에게 웃음을 가져다주는 사람들을 찾아보라고 말한 것이란다. 웃음을 안겨주는 사람들이 많으면 많을수록 사람들은 더욱 기쁘고 행복하게 살아갈 수 있으니 그들이 바로 세상에서 가장 소중한 것을 가지고 있는 사람들이란다. 엄마와 아빠는 우리 아기가 다른 사람들에게 웃음을 선사하는 누구보다 소중한 사람이 되기를 소원하고 있단다. 그럴 수 있지?

화해의 순간

어느 부부가 서로 심하게 말다툼을 벌였어요. 한참을 다투었지만 해결이 나지 않자 화가 잔뜩 난 얼굴을 하고서 랍비를 찾아왔어요.

남편이 답답하다는 듯이 가슴을 손으로 두드리면서 말했어요.

"선생님, 저희 이야기를 들어 보시고 누가 잘못했는지를 가려 주세요."

부인도 질세라 앞으로 나서면서 말했어요.

"그래요, 선생님. 제발 이 답답한 가슴을 시원하게 풀어 주세요. 저 사람과는 도무지 말이 통하지 않아요."

랍비가 부부에게 물었어요.

"그렇다면 어느 분부터 먼저 말씀하시겠습니까?"

"제가 하겠어요!"

"제가 하겠어요!"

부인과 남편이 동시에 말했어요. 부부는 또다시 서로 먼저 말을 하겠다고 싸움을 벌이기 시작 했어요. 어느 한 쪽도 물러서려고 하지 않았어요.

랍비는 소란을 피우고 있는 부부를 조용히 시켰어요. 그리고는 남편을 내보내고 나서 부인에게 먼저 말하도록 했어요.

"제 말 좀 들어보세요."

랍비와 단둘이 되자 부인은 흥분해서 남편의 험담을 늘어놓기 시작했어요.

랍비는 그 부인의 말을 들으면서 계속 '그렇군요.' '화가 날만 하죠.' 라고 대답하면서 부인의 편을 들어주었어요.

한참 이야기를 한 후에 기분이 풀어진 부인은 랍비에게 지혜로운 사람은 역시 달라도 아주 다르다고 칭찬을 하면서 밖으로 나갔어요.

랍비는 부인이 나가자 이번에는 남편을 불러서 이야기를 듣기 시작했어요.

"선생님, 제 말 좀 들어보세요."

남편은 랍비 앞에 앉자마자 씩씩거리며 하나 둘 부인의 흉을 보기 시작했어요.

그런데 랍비는 이번에도 부인에게 했던 것과 똑같은 말을 계속 했어요.

'당연히 그런 생각이 드시겠어요.'라든가, '아, 그랬겠군요.'라든가, 아니면 '정말 속이 상하겠네요.'와 같은 말을 해 주었죠.

그 모습을 옆에서 모두 지켜보고 있던 제자 하나가 고개를 갸웃거렸어요.

잠시 후 부부가 돌아가자 제자는 랍비에게 다가가서 물었어요.

"선생님, 처음에는 부인의 말이 맞는 것처럼 말씀하시더니 남편에게도 그의 말이 맞다고 하셨습니다. 그렇다고 한다면 두 사람 다 옳은 겁니까? 어딘가 잘못된 게 아닙니까?"

제자의 질문을 들은 랍비는 웃으면서 말했어요.

"그렇다면 자네는 어느 쪽 말이 맞는 것 같은가? 자네가 나라면 부인의 편을 들 텐가, 아니면 남편의 편을 들 텐가? 한번 말해보게."

제자가 제대로 대답을 하지 못하고 우물쭈물하자 랍비가 계속해서 말했어요.

"서로 생각이 달라 말다툼을 벌인 부부에게 어느 한 쪽 편을 드는 것은 결코 지혜롭지 못한 법이라네. 그것은 두 사람의 싸움을 부추기는 것과 다르지 않네. 불난 집에 어떻게 더 잘 타라고 기름을 부을 수 있겠나."

제자는 여전히 랍비가 하는 말을 이해하지 못하는 눈치였어요.

그러자 랍비가 말했어요.

"싸움을 해결하기 위해서는 두 사람이 서로 다른 생각을 하고 있다는 걸 인정하게 만드는 게 중요하네. 이제 두 사람이 나를 찾아와서 이야기하고 싶은 만큼 실컷 이야기를 하고서 돌아갔으니 흥분이 가라앉게 되면 차분히 이야기를 나누는 시간을 갖게 될 걸세. 그러면 두 사람은 서로 이해하고 용서하겠지. 화해는 바로 그 순간 찾아오는 것이라네."

꿈을 꾸는 아가야, 아무리 좋은 생각을 갖고 있더라도 상대방에게 그것을 억지로 알려줄 수는 없는 것이란다. 흥분을 가라앉히고 생각을 하게 되면 자신의 생각을 전할 수 있는 방법을 아주 쉽게 찾을 수 있단다. 세상이 이렇게 소란하고 어지러운 것은 사람들의 생각이 잘못되었기 때문이 아니란다. 사람들의 생각은 모두 옳고 좋을 수 있단다. 하지만 문제는 그렇게 좋은 생각을 다른 사람들에게 제대로 전달하는 방법을 모르기 때문에 이렇게 소란한 것이란다. 그러니 우리 모두는 차분하게 자신의 생각을 전할 수 있는 능력을 갖기 위해서 힘써야 한단다. 엄마와 아빠는 우리 아기가 그런 좋은 습관을 갖게 되기를 기대하고 있단다. 그럴 수 있지?

●탈무드 육아 교육법4

유태인들의 육아에는 이스라엘의 역사적 교훈이 고스란히 담겨 있습니다. 유태인들은 타의에 의해서 이스라엘에서 쫓겨나서 세계 여러 나라를 돌아다니면서 생활을 해야 했습니다. 때문에 그들은 온갖 어려움을 겪었습니다. 유태인들이 어려움을 극복하는 방법은 간단했습니다. 언제나 낙천적이고 현재보다 미래를 생각하는 것입니다. 그래서 지금도 유태인 부모들은 자녀들에게 그런 정신을 심어주려고 노력하고 있습니다. 아이가 잘못을 범하면 아주 엄격하게 혼을 내지만, 실수를 할 때는 별 것 아니라고 몇 번이고 말해줍니다.

그리고 다음에는 더 잘 할 수 있다고 말해주어서 결코 실망해서 포기하지 않도록 이끌어줍니다. 격려의 말이 자신감을 회복하는데 도움이 된다고 생각하기 때문입니다. 그리고 당장은 원하는 수준에 도달하지 못하더라도 노력하기만 하면 누구보다 잘 할 수 있다고 격려를 아끼지 않습니다. 덕분에 어린이들은 새로운 용기를 얻어서 또 다시 도전을 하게 됩니다.

| Chapter 5 |

성실하고 정직한
아가로
자라주렴

나귀와 다이아몬드

오랫동안 탈무드를 공부한 랍비가 있었어요.

모든 공부가 끝나자 고향으로 다시 돌아온 랍비는 제자들을 모아서 가르치기 시작했어요.

하지만 랍비는 제자들에게 돈을 받는 법이 없었어요. 누구든지 학비를 가져오면 그 자리에서 되돌려주었지요.

언제는 제자 하나가 랍비 몰래 학비 대신 집에서 기르던 암탉 한 마리를 두고 갔어요. 그러자 랍비는 암탉이 낳은 달걀까지 모두 챙겨서 제자에게 돌려주었어요.

그리고는 말했어요.

"하나님의 말씀을 가르치는 랍비는 절대 돈을 받을 수 없다."

랍비는 제자들에게 학비를 받는 대신 나무장사를 하면서 넉넉지 않은 살림을 꾸려가고 있었어요. 랍비는 마을에서 멀리 떨어진 산까지 직접 가서 나무를 해다가 시장에 땔감으로 내다 팔았어요.

나중에 랍비는 나무를 팔기 위해서 오고가는 시간이 너무 아깝다는 생각을 하게 되었어요. 그 시간에 글을 더 읽을 생각을 하고서 당나귀를 사기로 결심했지요.

랍비는 시내 장터로 가서 외국 상인이 들여온 당나귀들을 자세히 살펴본 뒤에 한 마리를 골라서 사들였어요.

제자들은 랍비가 당나귀를 시장에서 사온 게 너무 기뻤어요. 그래서 랍비의 나무를 날라주게 될 당나귀를 냇가로 데려가서 구석구석 빠짐없이 아주 깨끗하게 물로 닦아 주었어요.

그러자 당나귀의 목에서 아주 값비싼 다이아몬드 한 개가 '툭'하고 바닥으로 떨어졌어요. 제자들은 기대하지 않은 보석을 얻게 되자 기뻐서 어쩔 줄 몰랐어요.

"선생님은 이제 더 이상 나무를 하실 필요가 없어. 이제부터는 우리와 함께 더 많은 시간을 보내실 수 있게 된 거야."

제자들은 보석을 조심스럽게 들고서 랍비에게로 경쟁하듯 달려갔어요. 그렇지만 보석을 받아든 랍비는 기뻐하기는커녕 오히려 제자들을 꾸중을 했어요.

"이 보석은 우리의 것이 아니다. 당장 당나귀를 판 외국 상인을 찾아가서 그 다이아몬드를 돌려주고 오너라."

제자 한 명이 이해할 수 없다는 표정을 지으면서 물었어요.

"선생님이 적지 않은 값을 치르고 구입한 당나귀가 아닙니까? 돈을 주고 구입한 당나귀에서 나온 보석을 어찌 선생님의 것이 아니라고 자꾸만 말씀하는 겁니까?"

랍비가 대답했어요.

"내가 시장에서 사온 것은 당나귀이지 다이아몬드가 아니다. 나는 내가 돈으로 주고 산 당나귀만 가지면 되는 것이 아니냐."

랍비는 제자들과 함께 시내에 있는 장터를 다시 찾아갔어요. 그리고는 외국 상인을 만나서 당나귀로부터 나온 다이아몬드를 상인에게 돌려주었어요.

생각하지 못했던 다이아몬드를 돌려받게 된 상인이 물었어요.

"선생님은 이 당나귀를 샀고 다이아몬드도 이 당나귀에서 나왔는데, 어째서 그것을 내게 다시 돌려주는 것입니까?"

랍비가 웃으면서 대답했어요.

"우리 유태인들의 전통에 따르면 돈을 내고 산 물건 이외에는 더 가져서는 안 됩니다. 그래서 당신에게 보석을 이렇게 돌려주는 것입니다."

설명은 들은 외국 상인은 랍비가 믿는 하나님을 찬양하면서 돌아갔어요.

그러자 랍비가 제자들을 돌아보며 말했어요.

"오늘은 보석보다 귀한 생명을 얻었으니 생각하지 못한 보석을 얻은 것을 어찌 이것과 비교할 수 있겠느냐."

끝까지 다이아몬드를 돌려주어서는 안 된다고 고집을 세우던 제자의 얼굴이 부끄러움 때문에 붉어졌어요.

정직한 아가야, 정직한 것은 누가 시켜서 하는 것이 아니란다. 마음에 숨김이 없고 바르고 곧은 사람이 바로 정직한 사람이란다. 조금 어렵다고 해서 거짓말을 하거나 남을 속이게 되면 당장은 도움이 될지 몰라도 결국에는 손해를 보기 마련이다. 무엇을 하든지 정직하기만 하면 사람들로부터 칭찬을 듣게 되고 승리자가 될 수 있단다. 랍비는 보석을 얻을 수도 있었지만 정직하기 위해서 주인에게 돌려주었단다. 남의 물건을 갖는 것은 잘못이라고 생각했기 때문이란다. 랍비는 보석을 돌려준 덕분에 외국 상인의 보석과 같은 마음을 얻게 되었지. 그렇게 보면 보석을 돌려준 일이 결코 손해가 아니었단다.

참된 일꾼

어느 장사꾼에게 작은 배 한 척이 있었어요. 장사꾼이 사는 마을에는 깊고 커다란 호수가 있었는데, 주변에 있는 산과 어우러져서 너무 아름다웠어요.

장사꾼은 봄이 되면 가족들과 함께 어울려서 배를 타고서 호수에 살고 있는 물고기를 잡는 것을 커다란 즐거움으로 알았어요. 그렇게 잡은 물고기는 물놀이를 하고 난 뒤에 물가에서 준비해온 음식과 함께 요리를 해서 나누어 먹었지요.

어느덧 여름이 지나고 잠깐 날씨가 시원해지더니 겨울이 다가왔어요.

장사꾼은 겨울에 호수가 얼 것을 대비해서 호숫가에 묶어놓은 배를 뭍으로 끌어올렸어요.

장사꾼은 배를 살펴보다가 깜짝 놀랐어요. 배 밑에 작은 구멍이 뚫려 있었어요. 장사꾼은 구멍 뚫린 배를 타고서 호수에서 낚시질을 했다는 게 믿어지지 않았어요. 하마터면 가족 모두가 물에 빠져 죽을 수도 있었기 때문이었지요.

장사꾼은 어차피 겨울에는 호수가 꽁꽁 얼어서 배가 다닐 수 없을 테니 색칠만 새로 하기로 마음을 먹었어요. 날씨가 풀리면 배의 구멍을 막을 셈이었어요.

그래서 동네에서 배의 칠을 맡고 있는 사람을 불러다가 그 일을 맡겼어요.

"배가 칠이 벗겨지면 내년 봄에 사용할 수 없으니 남김없이 잘 칠해 주세요."

배를 칠하러 온 사람이 말했어요.

"물론입니다. 걱정하지 마세요. 앞으로 몇 년이 지나더라도 벗겨지지 않을 정도로 잘 칠해 놓겠습니다."

이듬해 봄이 돌아왔어요. 장사꾼의 두 아이들은 겨울에 타지 못했던 배를 타게 해달라고 계속해서 졸랐어요.

"이제 호수의 얼음도 모두 풀렸으니 배를 타게 해주세요."

장사꾼은 어쩔 수 없이 배를 내줘야 했지요.

두 아들이 배를 타고 나간 지 2시간이 지난 뒤에 장사꾼은 배의 구

멍을 막지 않았다는 게 갑자기 생각이 났어요. 아이들은 수영도 제대로 하지 못했어요.

　장사꾼은 끔찍한 생각이 나서 허겁지겁 호수를 향해서 내달렸어요. 배의 구멍을 통해서 물이 새들어왔다면 호수에 있는 두 아이는 위험할 수 밖에 없었어요.

　그런데 장사꾼의 걱정과는 달리 두 아들이 멀쩡히 집으로 걸어오고 있었어요.

　"배를 타는데 아무 일이 없었니?"

　겁에 질려서 묻는 아버지를 바라보면서 아이들은 알 수 없다는 표정을 지었어요.

"겨울 내내 배를 한 번도 타지 못하다가 호수에 나가니 너무 좋았어요. 겨우내 물고기들이 많이 늘어난 것 같아요. 다음에는 가족 모두 배를 타고 나가서 고기를 잡으면 좋겠어요."

장사꾼은 급히 배를 끌어올려서 뒤집어 보았어요. 지난 가을에 확인했던 배에 난 구멍은 깔끔하게 막혀 있었어요. 장사꾼은 곰곰이 생각하다가 배의 밑바닥을 칠해주었던 마을 사람을 떠올리게 되었어요.

장사꾼은 선물꾸러미를 챙겨들고서 배를 칠한 사람을 찾아 나섰지요.

"배를 칠한 삯은 작년에 이미 받았는데, 이 선물은 또 뭡니까?"

장사꾼은 막무가내로 마을 사람에게 선물을 안기고 나서 말했어요.

"나는 당신에게 배의 칠만 맡겼는데, 배에 뚫린 구멍까지 막아주었습니다. 덕분에 물에 빠져 죽을 뻔한 두 아이의 목숨을 건질 수 있었습니다. 당신의 꼼꼼한 일처리 때문에 말입니다. 고맙습니다."

배를 칠했던 사람이 머리를 긁적이며 말했어요.

"삯을 받고 일하는 사람이라면 누구나 그래야 하는 것 아닙니까?"

성실한 아가야, 우리가 별다른 걱정 없이 살기 위해서는 남모르게 땀을 흘리고 희생하는 사람이 있기 때문이란다. 성실한 사람은 생각부터 다르단다. 누구든지 할수 있는 일이라면 내가 먼저 하는 게 성실한 사람이란다. 언제라도 반드시 해야할 일이라면 나중으로 미루지 않고서 지금 하는 게 성실한 사람이란다. 그렇게 해서일을 시작하게 되면 누구보다 잘 하기 위해서 최선을 다하는 게 진정으로 성실한 사람이란다. 배의 바닥을 칠한 사람의 마음도 크게 다르지 않았을 거란다. 언제라도, 그리고 누구라도 해야 할 일이었기 때문에 장사꾼이 시키지 않았어도 배에 뚫린 구멍까지 모두 메워 준 것이란다. 엄마와 아빠는 우리 아기도 이렇게 성실한 사람이 되기를 기대하고 있단다. 그럴 수 있지?

인생이라고 부르는 자루

어느 마을에 언제나 불평을 늘어놓는 사람이 살고 있었어요. 그 사내는 만나는 사람이 자신보다 조금이라도 운이 좋아 보이기만 하면 상대방과 자신의 인생을 바꾸고 싶어 했어요. 그가 보기에 세상에는 자신보다 형편없는 삶을 사는 사람이 아무도 없는 것 같았지요.

어느 날 천사가 사내를 찾아와서 소원을 한 가지 들어주겠다고 말했어요. 사내는 이 기회에 자신의 운명을 바꾸고 싶었어요.

천사가 말했어요.

"당신이 가지고 있는 문제들을 남김없이 자루에 담아서 마을 밖으로 가져가세요. 그리고 나서 그곳에 쌓여 있는 문제가 들어 있는 다른 자루들 가운데 하나를 마음껏 골라 가지도록 하세요."

사내는 천사의 말이 떨어지기가 무섭게 자신의 문제들을 자루에 하나 가득 담아서 즐거운 마음으로 걸음을 옮겼어요.

그런데 사내가 걸음을 옮길 때마다 자루가 조금씩 무거워지는 것 같았어요. 결국에는 걸음을 떼기 어려울 정도로 자루가 무거워졌어요. 하지만 잠시 뒤에는 자기 것보다 가벼운 것으로 바꿀 수 있으리라는 기대를 위로 삼아서 억지로 걸음을 옮겼어요.

사내는 힘든 걸음을 옮기면서 속으로 생각했어요.

"예쁜 부인을 가진 고기 집 주인, 커다란 저택을 가진 구두쇠 할아버지, 그리고 마음 내키는 대로 어디든지 돌아다닐 수 있는 봇짐장수처럼 나도 모든 문제를 해결하고 행복하게 살아야지. 드디어 내게도 오랫동안 기다리던 기회가 찾아온 거야."

사내는 무거운 짐을 지고 있어서 몸은 무척 고달팠지만 마음은 날 듯이 기뻤어요.

드디어 사내가 마을 어귀에 도착했어요. 천사의 말대로 그곳에는 마을 사람들이 가져온 자루들이 수북하게 쌓여 있었어요. 그는 자신의 것을 자루더미에 미련 없이 집어던졌어요.

천사가 사내에게 말했어요.

"당신이 바라는 것을 고르세요. 시간은 아무리 오래 걸려도 상관이 없습니다. 잘 살펴보고서 꼭 필요한 것으로 가져가세요."

사내는 쌓여 있는 자루들을 꼼꼼히 살폈어요. 들어보고, 비틀어보고, 눌러보고, 굴려보았어요. 그렇지만 어느 것을 가지고 가야 할지 쉽게 결정을 내릴 수 없었어요.

둘째 날이 되었어요.

여전히 사내는 자신에게 꼭 맞는 자루가 있을 것이라고 생각하고서 열심히 골랐어요.

점심때가 지나서야 겨우 자신에게 어울릴 것 같은 자루를 찾아냈

어요. 다른 것들보다는 무게가 가볍고 내용물도 훨씬 적어 보였어요. 가장 가벼운 게 분명했어요.

사내가 자루를 메고 집으로 돌아가는 모습을 지켜보던 천사는 빙긋이 말없는 웃음을 짓고 있었어요.

자루는 정말이지 거짓말처럼 가벼웠어요. 사내가 자신의 것을 메고 갈 때는 곧 쓰러질 것처럼 무거웠지만 지금은 아무 것도 담기지 않은 듯이 가벼웠어요.

사내는 나는 듯이 집으로 달려갔어요.

문을 박차고 들어선 사내는 자루를 식탁에 내려놓았어요. 자루가 고기 집 주인의 것인지, 아니면 부자 노인의 것인지, 그것도 아니면 봇짐장수의 것인지 몹시 궁금했어요.

들뜬 가슴을 겨우 진정시키면서 떨리는 손으로 자루를 열어본 사내는 그만 기절할 지경이 되고 말았어요. 그 자루는 다른 누구도 아닌 바로 자신의 것이었어요.

사내는 그렇게 버리고 싶어 하던 자신의 자루를 가장 가볍고 좋은 것으로 생각하고 있었던 것이지요.

그 이후로 사내는 누구를 만나더라도 자신의 인생을 바꾸겠다고 말하는 법이 없었어요. 물론 불평도 하지 않았고요.

성실한 아가야, 남의 떡이 더 커 보인다는 옛말이 있단다. 자기의 것에 만족할 줄 모르고 다른 사람이 누리는 것만 바라보다가는 언제까지나 불행하다는 말이란다. 어떤 사람은 다른 사람보다 얼굴이 못났다고, 또 어떤 사람은 남들보다 많이 갖지 못했다고 불평한단다. 그리고 어떤 사람은 남들보다 더 높은 자리에 오르지 못한 것을 두고두고 서운해 하면서 지금의 모습에 만족하지 못한단다. 남의 얼굴과 소유, 남의 자리를 부러워하고 만족할 줄 모르는 사람은 결코 행복을 누릴 수 없단다. 행복한 마음은 만족에서부터 시작되기 때문이지. 우리 아가야, 엄마와 아빠는 네가 언제나 모든 일에 만족하며 성실한 사람이 되기를 바라고 있단다. 그럴 수 있겠지?

어리석은 마을 회의

살림이 넉넉하지 않은 마을에 홍수가 나는 바람에 커다란 피해를 입게 되었어요.

홍수를 막기 위해서 미리 만들어 놓은 강둑은 불어난 물을 견디지 못하고 너무 쉽게 무너지고 말았어요. 덕분에 한 해 동안 애써 지은 농사를 모두 망쳐버리고 말았지요.

마을 사람들이 모두 모여서 의논을 시작했어요.

가장 나이가 많은 노인이 한자리에 모인 사람들을 둘러보면서 말했어요.

"내가 이 나이를 먹도록 우리 마을을 한 번도 떠나지 않고 줄곧 살아왔지만, 이렇게 비가 무섭게 내린 것을 보기는 난생 처음입니다. 우리가 애써 쌓았던 강둑까지 무너지는 것을 보고 정말 놀랐습니다. 이번에는 둑을 잘 쌓아서 두 번 다시 홍수의 피해를 입지 않도록 해야 합니다."

그러자 마을의 대표가 역시 자리에서 일어나서 말했어요.

"어르신의 말씀에 누가 아니라고 말할 수 있겠습니까. 우리 모두 이번 일을 계기로 힘을 모아서 둑을 새롭게 잘 쌓아보도록 합시다."

마을 대표의 말에 모두가 고개를 끄덕였어요. 이번에는 전보다 훨씬 더 높고 튼튼하게 둑을 쌓자는데 서로 의견의 일치를 보았어요.

하지만 문제는 거기에 들어가는 돈과 일손을 구하는 것이었어요. 생활들이 넉넉하지 않다보니 둑을 쌓는데 어려움이 있을 것 같았어요.

마을 사람 가운데 하나가 자신의 생각을 털어놓았어요.

"둑을 쌓는데 필요한 흙과 돌을 나르려면 수레가 필요하니 수레가 둘인 사람들은 하나씩 마을의 공동재산으로 내놓읍시다."

다른 사람이 맞장구를 쳤어요.

"그렇게 하죠. 수레를 끌 소가 필요하니 두 마리씩 있는 사람이 한 마리씩 내놓는 게 좋겠습니다. 어떻게 생각하세요?"

또 다른 사람이 일어나서 말했어요.

"맞습니다. 수레는 소만 끄는 게 아니라 말도 끌 수 있으니 두 마리씩 있는 사람은 한 마리씩 내놓아서 둑을 쌓는데 도움을 주었으면 좋겠습니다."

"소와 말 뿐이겠습니까? 당나귀도 짐을 나르는 데 제격이지요."

마을 사람들 모두 한 목소리로 좋다고 열심히 박수까지 치며 기뻐했어요.

그런데 마을에서 가장 가난한 사람이 머뭇거리며 말했어요.

"저는 아무리 생각해보아도 별다른 도움이 되지 못할 것 같아서 미안합니다. 하지만 사람이나 짐승이나 일을 하기 위해서는 잘 먹어야 하지 않겠습니까?"

여기저기서 그 사내의 말에 동의했어요.

"그렇다면 일하는 사람들이 배불리 먹을 수 있도록 닭이 두 마리 이상인 가정에서는 한 마리씩만 내놓기로 합시다. 그러면 저도 두 마리 가운데 한 마리를 내놓도록 하겠습니다."

그러자 갑자기 회의장이 조용해졌어요. 의견이 나올 때마다 박수를 치면서 환영하던 마을 사람들이 가난한 사람의 말에 누구도 찬성하려고 하지 않았어요.

닭은 소와 말에 비하면 터무니없이 작은 것이었지만 마을 사람들은 서로 눈이 마주칠까봐 딴청을 피우고 있었어요. 소와 말을 한 마리씩 내놓겠다고 큰소리치던 사람들도 고개를 숙인 채 입을 다물고 있었어요.

회의에 참석한 사람들 가운데는 수레나 소, 그리고 말을 내놓을 수

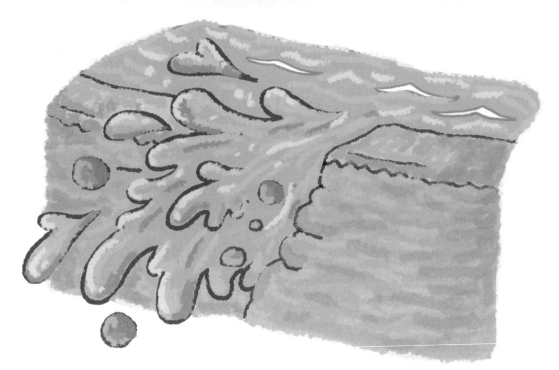

있는 사람은 하나도 없었어요. 가난한 마을이다 보니 그만한 재산을 가진 사람이 없었지요. 하지만 닭은 누구나 한 마리 이상 기르고 있었기 때문에 아무 말도 하지 못했던 것이었어요.

누구 하나 더 이상 의견을 내지 못하고 시간이 흐르자 뒷자리에 앉아 있던 사람들부터 하나하나 회의장을 떠나기 시작했어요. 이후로 마을 사람들은 두 번 다시 둑을 새로 쌓자는 말을 꺼내지 않았어요.

이듬해 여름이 다시 돌아오고 비가 내리기 시작했어요. 비 때문에 불어나기 시작한 강물은 순식간에 또 다시 마을을 덮쳤지요. 이번에는 농사를 지은 것은 물론이고 마을 전체가 홍수에 떠내려가고 말았답니다.

성실 아가야, 노력 없이 얻어지는 것은 아무 것도 없단다. 아무리 생각이 좋고 꿈이 크더라도 그것을 이루기 위해서는 땀을 흘리면서 희생하고 노력해야 한단다. 그리고 말과 행동은 언제나 일치해야 하는 것이란다. 홍수 때문에 둑이 무너진 마을 사람들은 별다른 노력을 하지도 않은 채 말만 많이 하다가 또 다시 홍수를 겪고 말았단다. 문제가 생기자 자신이 마치 대단한 일을 해서 해결할 것처럼 떠들어댔지만, 막상 작은 것 하나 희생하지 않고 얻으려다가 모든 것을 잃고 만 것이란다. 지니고 있는 생각을 실천하기 위해서 노력하는 사람, 말과 행동이 언제나 일치하는 사람, 그런 사람들 때문에 세상은 더 밝아지고 더 달라진단다. 엄마와 아빠는 우리 아기가 말과 행동이 일치하는 믿음직한 사람으로 성장하기를 기대하고 있단다.

끝없는 친절

랍비 울프는 탈무드만 잘 가르치는 것이 아니라 누구에게나 친절하기로 이름이 높았어요.

차가운 바람이 몹시 불고 눈이 심하게 날리는 추운 날이었어요.

울프는 저녁을 초대받아서 옆 동네로 마차를 빌려 타고 갔어요. 사람들은 이름 높은 랍비가 자신들을 방문하자 무지 기뻐서 어쩔 줄 몰랐어요. 여기저기서 사람들이 모여들었고, 될 수 있으면 랍비의 옆에 앉아보려고 애를 썼어요.

잠시 뒤에 음악이 시작되고 따뜻한 음식이 식탁에 준비되기 시작했어요. 사람들도 모두 자리를 잡고서 맛있는 음식을 나누며 재미있는 대화를 나누었어요.

한참을 사람들과 어울리던 랍비 울프가 자리에서 일어섰어요.

주인이 음식을 먹다말고서 물었어요.

"무슨 일이 있으세요? 말씀만 하시면 내가 모두 처리하도록 하겠습니다."

울프가 말했어요.

"아닙니다. 깜박 잊은 게 있어서 잠시 다녀와야 할 것 같습니다."

그리고는 집밖으로 문을 열고 나와서 마차를 끌고 온 마부를 불렀어요.

"여보시오, 마부 양반. 날씨가 무척 추우니 집안에 들어가서 몸을 좀 녹이시오."

마부는 너무 추워서 두 팔로 몸을 비비고 제자리 뛰기를 하면서 대답했어요.

"아닙니다. 말들을 내버려두고 어찌 혼자서 안에 들어갈 수 있겠습니까. 괜찮으니 어서 들어가십시오."

그러자 울프가 대답했어요.

"말들은 나도 돌볼 수 있으니 당신은 안에 들어가서 몸을 녹인 다음에 나와 교대하면 되지 않겠습니까."

마부는 몇 번이나 물리치다가 랍비 울프에게 말들을 맡기고 집안으로 들어갔어요.

집안에 모인 사람들은 서로 재미있게 이야기를 하면서 음식을 먹

고 마셨어요. 잠깐 몸을 녹이러 들어간 마부도 그만 이야기를 하느라

울프가 밖에서 말을 지키고 있다는 것을 까맣게 잊고 말았어요.

그렇게 몇 시간이 흘렀어요.

어떤 사람이 자리를 돌아보면서 물었어요.

"울프 선생님이 보이지 않는데 어찌 된 일입니까? 선생님을 보신

분이 없으십니까?"

마차를 끌고 온 마부는 다른 사람과 정신없이 이야기를 하다 보니 묻는 말을 미처 듣지 못하고 말았어요. 사람들은 랍비가 급한 일이 있어서 먼저 자리를 떴다고 생각했지요.

한참 뒤에 몇 사람이 집으로 돌아가려고 밖으로 나왔어요. 밖에는 여전히 바람이 아주 강하게 불고 눈발이 날리고 있었어요.

손님들이 타고 온 마차가 있는 곳으로 발걸음을 옮기는데, 한 쪽 구석에서 한 사내가 제자리 뛰기를 하고 있었어요. 가만히 보니 랍비 울프였어요.

마차를 타려고 온 사람들 가운데 한 사람이 물었어요.

"선생님, 식사를 하시다 말고 어째서 이렇게 밖에 나와서 추위에 떨고 계신 겁니까?"

랍비는 제자리 뛰기를 멈추지 않고 말했어요.

"마차를 끌고 온 마부가 추울 것 같아서 먼저 식사를 하라고 했지요. 그 동안 내가 여기에 남아서 말들을 돌보고 있는 겁니다."

대화를 나누는 동안 마부가 허겁지겁 그곳으로 달려왔어요. 랍비 울프 앞에서 마부는 몇 번이고 고개를 조아리며 말했어요.

"사람들과 함께 이야기를 나누다 보니 너무 즐거워서 선생님과 자리를 바꾸어야 한다는 것을 잊고 말았습니다. 용서해주십시오. 용서해주십시오."

랍비 울프가 말했어요.

"아닙니다. 내가 참석해보니 정말 재미있더군요. 내가 만일 당신이라고 해도 마찬가지였을 겁니다. 덕분에 밖에서 운동 한번 잘 했습니다."

마차를 타기 위해서 먼저 밖에 나왔던 사람들은 속으로 생각했어요.

'역시 훌륭한 분이야. 내가 저분이라면 먼저 화를 내었을 텐데.'

그 생각을 어찌 알았는지 랍비 울프가 말했어요.

"다른 사람을 위한 친절은 당연한 것입니다. 결코 자랑거리가 될 수 없는 게 친절입니다."

친절한 아가야, 사람들은 아무리 사랑한다고 떠들어도 크게 감동을 받지 않는단다. 사랑은 한 마디의 말보다도 직접 보여주는 게 효과적인데, 그게 바로 친절이란다. 친절을 베풀면 아무리 단단하게 닫힌 마음의 문이라도 열리는 법이란다. 그리고 다른 사람이 아무리 비난을 퍼붓더라도, 다른 사람이 아무리 화가 나게 하더라도 변함없이 친절할 수 있는 힘만 있다면 그런 비난과 성냄도 봄눈 녹듯이 모두 녹일 수 있단다. 친절에 대한 기억은 평생을 가기 때문이다. 랍비 율로는 친절의 힘을 지니고 있었기 때문에 마부를 밖으로 다시 불러내지 않고서 끝까지 추위를 이기며 밖에서 기다리고 있었던 것이란다. 우리 아기도 친절할 수 있지? 엄마와 아빠는 우리 아기가 누구보다 친절한 사람으로 크기를 기대하고 있단다.

뿌린 대로 거두는 법

부 자가 종들을 거느리고 농장을 둘러보러 집을 나섰어요.
같은 마을에 사는 그 누구보다 잘 사는 부자라서 가지고 있
는 땅은 그 규모가 대단했지요. 마을 사람들 가운데 누구 하나 부자의
땅을 밟지 않고 지나다니는 게 불가능할 정도였어요.

이제 추수를 앞둔 농장을 둘러보는 부자의 마음은 흐뭇하기만 했
어요. 이번 여름에도 비가 적당히 내려주었고 큰 바람이 불지도 않았
기 때문에 작년보다 훨씬 더 수입이 많아질 것 같았어요.

농장을 둘러보고 돌아오는 길에 거지 한 사람을 만나게 되었어요.
부자는 혀끝을 차면서 생각했어요.

'게으르고 못 났으니 거지 노릇이나 하는 거야. 어째서 이렇게 좋

은 세상에서 거지노릇을 하고 다닐까?'

거지가 부자 쪽으로 다가와서 도움을 청했어요. 부자는 종을 시켜서 동전 하나를 건네주게 했어요. 거지는 그것에도 감사하며 연신 허리를 굽히며 인사했어요.

부자는 어려운 사람을 만날 때마다 귀찮은 듯 동전을 건넬 뿐이었어요.

가을걷이가 시작되었어요. 부자가 생각한 것처럼 수입이 대단했어요. 얼마 전에 새로 지은 곳간이 부족할 정도로 많은 곡식을 거두어 들였어요.

산더미처럼 쌓인 곡식을 돌아보면서 부자는 너무 행복했어요. 이렇게 몇 해 더 농사를 잘 지으면 이 세상 누구도 부럽지 않을 것 같았어요.

하지만 몇 해를 넘기지 못하고 부자는 병에 걸려서 자리에 눕고 말았어요. 좋은 약은 모두 먹어보았지만 별다른 효과가 없었어요. 그러다 죽어서 천국에 갔어요.

부자가 천국에 도착하자 입구에서 천사가 그를 맞이했어요. 천사는 부자가 앞으로 살게 될 집으로 안내하겠다고 말했어요.

천사를 따라가는 부자는 기분이 무척 좋았어요. 자기가 살던 곳보다 너무 아름답고 깨끗했어요. 거리는 금으로 뒤덮여 있고, 길가에는 아름다운 꽃들이 줄지어 피어 있었어요. 그 뒤로는 열매들이 주렁주렁 달린 나무들이 서 있었지요.

천국은 어디를 둘러보더라도 아름다웠어요. 이름 모르는 새가 가
지에 앉아서 노래하고 있었는데, 새의 노랫소리를 들으니 머리까지
맑아지는 것 같았어요. 햇볕도 따뜻하고 바람은 시원했어요.

정신없이 얼마를 더 걸으니 커다란 집들이 나타나기 시작했어요.
정원마다 아름다운 꽃이 가득 피었고 멋진 돌들이 여기저기 놓여 있
었어요. 창문은 햇살을 받아서 수정처럼 반짝였어요. 아름다운 집 근
처를 지나가는 부자의 마음은 무척 설레였어요. 그 가운데 한 채가 자
신의 것이라고 생각하니 발걸음이 가벼웠어요.

그런데 천사는 커다란 집들이 늘어선 거리를 다 지날 때까지 멈추
지 않았어요.

부자가 물었어요.

"아직도 더 가야 하는 겁니까? 여기 있는 집도 내게는 충분합니
다."

천사는 아랑곳하지 않고 계속 걸어갔어요.

마침내 거리가 모두 끝나고 아주 허름하고 낡은 판잣집 앞에 도착
하자 천사는 걸음을 멈췄어요.

"당신은 앞으로 이 집에서 살아야 합니다."

부자가 보기에 그곳은 집이 아니었어요. 아주 엉성하게 지어진 그
집은 살짝 건들기만 해도 무너질 것 같았어요.

깜짝 놀란 부자가 천사에게 물었어요.

"나를 보고 이 집에서 살라는 것입니까? 저 쪽에 있는 큰 집들은 주인들이 없는 것 같은데 모두 내버려두고 어째서 이런 허름한 집을 주시는 겁니까?"

천사가 말했어요.

"죄송합니다. 당신이 세상에 살아 있을 때 올려 보낸 재료를 가지고는 아무래도 이런 집밖에 지을 수 없었답니다."

성실한 아가야, 어리석은 사람은 자신이 갖고 있는 재물을 잘못 사용하는 사람이란다. 그리고 그 사람보다 더 어리석은 사람은 재물을 모으기만 하고 사용하는 것을 모르는 사람이란다. 제아무리 많은 재물을 모았다고 하더라도 그것이 언제까지나 우리의 것이 될 수는 없는 것이란다. 이 세상에서는 쓸 수 있을 만큼의 재물만 있으면 그것으로 충분하단다. 진정으로 재물을 가질 수 있는 가장 분명하고 확실한 방법은 남을 돕는 것이란다. 우리가 이웃을 도울 때마다 누구도 빼앗아갈 수 없는 가장 안전한 곳에 재물을 쌓아두는 것이란다. 그러니 우리들은 재물에 대한 욕심보다 지니고 있는 것을 함께 나누려고 하는 마음을 갖는 게 무엇보다 좋으하단다. 엄마와 아빠바는 우리 아기가 언제나 이웃을 사랑하고 돕는 마음을 가질 수 있기를 기도한단다.

거지와 랍비

옛날 이스라엘에 야일이라는 이름을 가진 랍비가 살고 있었어요. 아주 정직하고 슬기로워서 마을 사람들은 물론 먼 곳에서까지 사람들이 찾아와서 도움을 청할 정도였어요.

하루는 거지 두 사람이 야일이 살고 있는 마을에 나타났어요.

이집 저집 돌아다니면서 구걸했지만 약간의 보리만 얻을 수 있었어요. 그나마 가난한 사람들이 불쌍한 거지를 생각해서 아껴둔 보리를 준 것이었어요.

거지들이 사람들에게서 얻은 보리가 어느덧 작은 자루로 두 개나 되었어요.

"다른 동네로 가자. 빵은 주지 않고 보리만 주는 이 동네보다야 낫

젰지."

거지 하나가 이렇게
말하자 나머지도 고개를
끄덕였어요.

하지만 지금까지
모은 보리를 들고 먼
길을 갈 수는 없는
일이었어요. 거지
들은 보리를 어떻
게 해야 할지 고민
하기 시작했어요.
그때 어떤 사람이
바로 옆으로 지나가고 있었어요.

거지 하나가 그 사람을 붙잡고 물었어요.

"보다시피 저희는 거지입니다. 산을 넘어서 다른 곳으로 가려고
하는데 보리자루는 어떻게 하는 게 좋겠습니까?"

그러자 그 사람은 랍비 야일을 소개했습니다.

"랍비 야일을 찾아가세요. 아마 어떻게 해야 할지 일러주실 겁니
다."

두 사람은 곧장 랍비 야일의 집을 찾아갔어요. 그리고는 사정 이

야기를 하면서 보리자루를 어떻게 처리해야 할지 물었습니다.

　"그런 일이라면 걱정하지 마세요. 보리는 내게 맡겨두고 갔다가 돌아오는 길에 찾아가도록 하세요."

　그렇게 해서 거지들은 야일에게 보리자루를 맡기고 걱정 없이 그 마을을 떠났지요.

　하지만 거지들은 그 이후로 야일에게 맡긴 보리를 그만 까맣게 잊어버리고 말았어요. 야일은 몇 달을 기다렸지만 거지들은 나타나지 않았고, 그렇게 해서 일 년이 지났어요.

"만일 보리자루를 창고에 계속 놓아두면 쥐가 와서 모두 먹어치울 거야. 그렇게 되면 그 가난한 사람들이 다시 찾아왔을 때 아무 것도 남지 않겠지."

야일은 거지들이 맡기고 간 보리를 밭으로 가지고 가서 뿌렸어요.

비가 내리고 보리는 무럭무럭 자랐어요. 어느새 한 밭 가득 보리가 자라서 알곡을 맺자 야일은 모두 거둬들여서 큰 자루에 담아두었어요.

또 다시 일 년이 지났지만 거지들은 여전히 야일을 찾아오지 않았어요. 어쩔 수 없이 야일은 다시 보리를 밭에 뿌리고 추수를 했어요. 그렇게 하다 보니 보리는 점점 늘어나서 큰 자루로 몇 개나 되었어요. 야일은 해마다 보리를 뿌리고 추수했어요.

7년이 지난 어느 겨울날이었어요. 거지 두 사람이 우연히 야일이 사는 마을을 지나게 되었어요. 거지들은 여전히 집집마다 돌아다니면서 동냥을 했지만 먹을 것을 구하지 못해서 배를 곯고 있었어요.

한 사람이 몇 해 전에 야일에게 맡겨둔 보리를 기억해냈어요.

"어쩌면 지금도 보리가 있을지 몰라."

그러자 또 다른 거지가 말했어요.

"그렇게 오래 되었는데, 지금까지 그 보리를 가지고 있을까?"

거지들은 반쯤 의심을 하면서 야일의 집을 찾아갔어요.

"7년 전에 맡겨둔 보리를 기억하세요? 아직 있다면 돌려주실 수 없을까요?"

야일은 두 사람을 보고서 무척이나 기뻐하며 말했어요.

"물론입니다. 가지고 있지요. 그런데 그 보리를 옮기려면 두 사람의 힘만으로는 안 됩니다. 낙타와 나귀가 필요할 겁니다."

거지들은 랍비 야일을 말을 듣고 어리둥절해졌어요. 오래 전에 맡겨둔 보리의 양이 얼마 되지 않는다는 것을 이미 알고 있었기 때문이었지요.

야일이 거지들을 커다란 창고로 데려갔어요. 창고의 문을 열자 그 안은 보리가 가득했어요.

"자, 이것들이 모두 7년 전에 내게 맡기고 간 보리로 농사를 지은 것입니다. 당신들의 것이니 이제 마음대로 하세요."

두 명의 거지들은 창고 안에 빼곡히 쌓여 있는 보리 가마를 바라보면서 벌어진 입을 다물지 못했어요.

성실한 아가야, 사람들이 가장 쉽게 하는 것도 약속이고 가장 쉽게 어기는 것도 약속이란다. 약속은 눈에 보이지도 않고 따로 종이에 기록하지 않는 이상 언제까지고 남아 있는 것도 아니라서 그럴 테지. 하지만 약속한 것은 반드시 지키는 사람, 그런 사람이 모두에게 인정을 받고 존경을 받는 법이란다. 그래서 우리는 약속을 할 때마다 몇 번이고 확인해야 한단다. 내가 그 약속을 지킬 수 있는 것인지 말이다. 지킬 수 없는 약속이라면 차라리 하지 않는 편이 옳고, 지킬 수 있는 것이라면 약속을 지키기 위해서 끝까지 노력해야 한단다. 랍비 야일은 끝까지 약속을 지키는 사람이었단다. 엄마와 아빠는 우리 아기가 야일처럼 다른 사람과의 약속을 성실하게 지키는 어린이가 되었으면 좋겠다. 그럴 수 있지?

●유태인의 육아 교육법5

잠자리에 든 아이들에게 책을 읽어주는 것은 유태인 부모의 중요한 일과 가운데 하나입니다. 하루가 아무리 바쁘고 피곤하더라도 당연히 해야 할 의무로 받아들이고 있습니다. 잠자리에서 읽어주는 이야기를 통해서 어린이들은 하루를 마감할 뿐 아니라 책을 가까이 하는 습관을 갖게 됩니다. 유태인들이 유난히 독서에 관심이 많은 것도 따지고 보면 어려서부터 잠자리에서 책을 읽어주던 부모 덕분이라고 할 수 있습니다. 잠자리에서 책 읽어주기는 유태인 어린이들의 언어발달에도 상당히 기여하는 것으로 알려져 있습니다. 보통 4세 정도의 어린이가 사용하는 낱말은 대개 천5백 개를 넘지 않는 게 일반적이지만, 언어학자의 조사에 따르면 유태인 어린이들은 그런 평균치를 훨씬 상회한다고 합니다. 밤마다 잠자리에서 이야기를 들을 때마다 잘 모르는 낱말을 물어보거나 앞뒤 문맥을 통해서 자기 나름대로 의미를 파악하기 때문에 어휘 숫자가 늘어날 수밖에 없는 것입니다.

아가의 지혜와 감성을 키우는
업그레이드 탈무드 태교 동화 01

초판 1쇄 발행	2013. 2. 10.
초판 2쇄 발행	2014. 9. 25.
지은이	유재덕
펴낸이	방주석
펴낸곳	도서출판 소망
주소	(130-812) 서울시 동대문구 천호대로2길 23-3 진흥빌딩 501호
전화 | 팩스	02)392-4232 | 02)392-4231
이메일	somangsa77@hanmail.net
출판등록	1977년 5월 11일(제 11-17호)
ISBN	978-89-7510-098-7 03230
책값	뒤표지에 있습니다.

도서출판 소망은 기독교문화 창달을 위해 좋은 책 만들기에 힘쓰고 있습니다.

오직 성령이 너희에게 임하시면 너희가 권능을 받고
예루살렘과 온 유대와 사마리아와 땅끝까지 이르러 내 증인이 되리라 (행 1:8)